Teshan Christian Buete

PARIAS DANS LEURS PROPRES PAYS

Teshan Christian Buete

PARIAS DANS LEURS PROPRES PAYS

Lettre aux dictateurs africains.

Éditions Muse

Cover image: www.ingimage.com

Publisher:
Éditions Muse
is a trademark of
Dodo Books Indian Ocean Ltd. and OmniScriptum S.R.L publishing group

120 High Road, East Finchley, London, N2 9ED, United Kingdom
Str. Armeneasca 28/1, office 1, Chisinau MD-2012, Republic of Moldova, Europe
Printed at: see last page
ISBN: 978-620-4-96276-4

PARIAS DANS LEURS PROPRES PAYS

Teshan Christian buete

TABLE DES MATIÈRES

I.LES PARIAS DANS LEURS PROPRES PAYS

Enfant, je voyais mon avenir grand...

Je rêvais d'un monde paisible, où chacun vivrai du sueur de son front, d'un monde sans racisme, sans discrimination, d'un monde où l'on ne sera pas juger, rejeter en fonction de la couleur de sa peau, de son rang social ou encore moins de son orientation sexuelle. Je rêvais d'un monde un peu plus tolérant les uns envers les croyances religieuse des autres.

Je voulais devenir médecin, il y a plus de bonheur à donner qu'à recevoir a dit un jour le christ. Je voulais venir au secours des necessiteux, des personnes indulgeantes., ouvrir des écoles gratuites pour tous, des centres des formations où chaque jeunes selon son choix et ses capacités exercera le métier de son choix afin de gagner dignement sa vie.

Hélas , ces rêves voleront en éclat après le décès inopinées de mes parents. Dès lors , la vie était devenue une question de survie. Il me fallait gagner durement ma vie pour avoir de quoi manger, payer mon loyer et financer une partie de mes études, ma soeur m'epaula et j'ai pu terminé mes études universitaires(premier cycle).

C'était le début d'une autre difficulté de taille, une grosse surprise m'attendait :" LE CHÔMAGE " la nouvelle maladie du pays. Cette maladie, si grave, n'avait pas de médicament, tout les gouvernements successifs n'avaient apparemment aucun remède pour y remédier. Que n'ai-je pas exercer comme petits boulots? : ouvrier d'usine journalier, vendeur ambulant, aide maçon, commerçant...plus les mois passaient plus je voyais mes espoirs de trouver un vrai boulot s'amenuiser de plus en plus. J'étais désespéré et j'ai fini par sombrer dans la deception et la dépression .Mais même durant ces moments difficiles, je continuais à garder toujours une lueur d'espoir.

La vie est si injuste qu'elle ne donne pas les mêmes chances à tous. Les chanceux?, ce sont tout ces enfants des ministres, députés, sénateurs...que sais-je encore? Eux, n'ont rien à s'inquiéter des difficultés du commun du peuple. Ils étudient dans des luxueuses universités européennes et américaines aux frais des pauvres contribuables. Pas étonnant que les mêmes noms reviennent decenies après decenies dans la gestion des affaires de nos états. Tel ministre fut le fils, le neveux, le petit fils ou encore d'un cousin de tel dignitaire quelconque dans un passé proche ou lointain. Un cercle vicieux. Après des études à l'étranger, ils reviennent vite au pays occuper des postes prestigieux et juteux. Dommage ! Comment voulez-vous que le taux de chômage baisse en Afrique quand une minorité d'elites s'accapare seul du pouvoir sans donner la chance aux autres? Quand certains postes prestigieux sont verrouillés à d'autres au profit d'une minorité ?

Pendant ce temps, nos écoles et nos universités ne sont plus que l'ombre d'elles mêmes. Des vrais depotoirs insalubres et vieillissantes. Bonnes à former, des changeurs des monnaies, des chargeurs, des receveurs ou encore des cordonniers. Des chômeurs qui viennent grossir le rang d'autres lots des chômeurs précédents. Des corniches délabrées manquants presque de tout. Des auditoires vieillissants et surpeuplés où il faut arriver vers 5 heures pour espérer trouver une place, et même une fois à l'intérieur, le son des micros émis par les baffles est si crachant que vous n'entendez rien du monologue du professeur pressé de vaquer a ses autres occupations. Les malchanceux qui arrivent vers 7 heures doivent subir le supplice du collier, celui de suivre les cours par les fenêtres debout. Après tout l'essentiel et de marquer sa présence. Comment voulez-vous que l'Afrique se developpe et forme des savants dans des conditions pareilles d'études ? Triste! Et quand bien même ils terminent leurs études, ils subissent une deuxième punition cette fois la pire: le chômage.

II. LES INTOUCHABLES

Les infirmiers et médecins ayant fait les sciences de santé choment et galèrent alors que certains ministres de la santé en afrique ne sont autres que des licenciés en sciences politiques ! Quelle bêtise ! La république démocratique du Congo en est un parfait exemple et expert dans ce domaine : en mettant n'importe qui à n'importe où à la suite des accords politiques. L'essentiel est de figurer dans le nouveau gouvernement même ci le parti ne disposes pas des personnes compétentes pour les ministères réclamés, et comme conséquence ? Des ministres et conseillers incompétents en tout et pour tout de haut en bas .

, Des cabinets ministériels qui comptent une centaine des conseillers bidons des postes créés de toute pièces dans les officines politiques obscures pour satisfaire l'appétit vorace de certains alliés politiques qui n'ont pas eu la ! chance de se retrouver au gouvernement nouvellement formé. Quelle bêtise

Un délinquant surpris en flagrant délit d'un vol simple d'une niche de pain croupira à la MACA (maison d'arrêt et de correction d'Abidjan) ou à MAKALA (prison centrale de Kinshasa) alors que des criminels en col blanc, ces pourritichiens détournent et saignent sans état d'âme les caisses de l'État et ce, en toute impunité. Qu'on se le dise clairement , les grands voleurs en Afrique sont des ***pourritichiens*** (politiciens). Cela n'est un secret pour personne d'ailleurs ! Et quand c'est eux qui volent on parle de ***détournement***. Honte! Et lorsque leurs vols sortent par une fuite sur la place publique, pour sauver la face, ils comparaissent devant le juge, la suite? C'est une condamnation farfelue de 10 , 15 ou voir 20 ans de prison ferme. Un feuilleton, car leur peine ils le passeront en prison dans des pavillons VIP 4 étoiles: cellules climatisées, avec écran, un téléphone à disposition, un salon VIP pour accueillir ses visiteurs...(appelons ces cellules plutôt : " ***salle de repos***" pendant que les autres prisonniers , des simples citoyens dorment à même le sol, sans drap ni matelas collés les uns sur les autres la nuit pour se chauffer mutuellement à cause du froid. Ils n'ont droit à rien sinon un repas par jour, un repas qui laisse à désirer ils peuvent dormir affamés durant des jours, et quand bien même c'est leurs propres familles qui pensent a eux en leur apportant de la nourriture , ces pauvres sont rançonnés de gré ou de force par des policiers véreux dont la plupart n'ayant suivis aucune formation (quand celle-ci n'est pas bâclée). 5000fc (2.5$) avant toute visite ou un simple dépôt de nourriture. La suite de cette nourriture? Solidarité entre prisonniers oblige, le pauvre se voit obligé de partager le peu de nourriture avec les autres prisonniers. Les viols et attouchements sexuels sont courants , il faut accepter et supporter le supplice quand on est nouveau pour intégrer le groupe et bénéficier d'une " protection" , soit vous payer l'argent au capita(prisonier-surveillant) de la cellule commune pour bénéficier de la fameuse ***protection*** soit vous devenez le moins que rien,le souffre-douleur des autres prisonniers transformés par la force des choses en tortionnaires . souvent dans les petites prisons , la situation est pire 3 metres sur 4 ou 5 qui peuvent accueillir plus de 50 prisonniers dans des conditions execrables) . dans ces prisons on a droit à aller aux toilettes une fois par jour et c'est le matin que les policiers de garde vous autorise un à un à aller faire ses besoins. Il n'y a pas des douches pour prisonniers en république démocratique du Congo dans la plupart de ces maisons carcérales (victime d'une affaire rocambolesque , accusé à tort de tentative d'escroquerie , bien que entendu sur PV , tout portait à croire que je n'étais si de près ni de loin relier à cette faire, le plaignant voulant me cuire va soudoyer l'officier de police judiciaire pour me cloué. Je fus maintenu en violation de toutes regles judiciaires pendant 6 jours au lieu de 48 heures et ce, sans être ni confronter avec le plaignant ni transférer au parquet. étant nouveau dans la ville de kasumbalesa, c'est durant 6 jours que j'ai vécu de la solidarité des autres prisonniers (mon porte-monnaie contenant 20 $ déposer pour être consigner a comme par magie disparu après une fouille policière minutieuse . 6 jours d'enfer, sans se laver, ni brosser,. Nos petits besoins étaient faites dans un bidon de 25 litres sur place sans aucune intimité devant ces amis d'infortune. Et de fois lorsque ça débordait, associer aux odeurs que dégageait nos corps ayant rompus contrat avec dame l'eau durant des jours , sans un ingrédient de taille ; la chaleur du soleil ardent de midi ; un cocktail dangereux...je vous épargne les détails. THOMAS SANKARA , ex président burkinabé assassiné, ne disait-il pas "qu'un militaire (ou policier) sans formation est un criminel en puissance » combien sont vraies ces paroles. Toute la journée et tout les jours , drogués, ces policiers venaient nous faire danser et chanter des chansons obscènes aprises sur place, gare aux têtus qui refusent de s'executer ou de bouder....dans ce cas , c'est la voie de la violence qui vous feront changer vite d'avis : pasteurs, enseignant que j'étais, autres voleurs de grand chemin, on était tous dans le même sac, et il fallait chanter et danser en dandinant les fesses comme des pompons girls sous les yeux malicieux et tueurs de ces aventuriers policiers. La prison dans certains pays digne de ce nom, est un endroit de rééducation, où la personne entre les 4 murs reflechie et paie pour les actes mauvais qu'il aurait commis envers sa communauté et cela en toute dignite en tant qu'être humain, et non un endroit de tortures physiques et morales. Doit-on rappeler à ces pourritures que les prisonniers ont aussi des droits?

- Des reformes structurelles sur le mode carceral en Afrique doit être révisée et mise en oeuvre par respect pour la vie humaine quelque soit le mal qu'il aurait commi. Les ministères de la justice en Afrique sont parmis les plus corrompus en Afrique c'est un fait. Je me demande même s'ils visitent certains de ces prisons grandes ou petites tristement célèbres pour les atrocités qui s'y commettent quotidiennement. ou alors, dans leurs bureaux climatisés ils se contentent des rapports farfelus que leur font leurs sulbaternes? Doit-on rappeler une fois de plus que les prisons sont sensées être des lieux de rééducation, et non des " PRISONS MOUROIRS" ? Parmi ces prisons africaines qui ont fait le choix de jeter, reléguer aux calendes grecques les règles minima à respecter pour les détenus fixées par l'ONU dans le respect des conventions internationales de la dignité et la vie humaine , en voici une liste de ces pays et leurs prisons qui ont fait le choix délibéré de violer les conventions internationales relatives à la dignité de la vie humaine. Dans ces prisons, on retrouve des surpopulations, maladies , ,famine -..maltraitances physiques

- ***RWANDA : La prison centrale de GITRAMA,*** : qualifiée d'enfer sur terre est l'une des plus criminels du continent selon ZEE NEWS INDIA. maltraitance des détenus, surpopulation...
- ***PRISON CENTRAL DE MAKALA*** : (prison centrale de Kinshasa) l'une des pires au monde. Des prisonniers mal nourris, dormant à même le sol, maladies, surpopulation...une alimentation même qu'un animal n'oserai goûter . dans cette prison s'est installée un appartheid institutionnalisé. Les criminels en col blancs ont leurs pavillons vip à part bien séparé des autres . là sont détenus les riches, ministres voleurs, parias du régime ....là-bas c'est un autre monde ils ont droit à toutes les commodités d'une chambre VIP . les autres, citoyens de second rang crèvent dans une misère qui ne dit pas son nom.
- ***NIGERIA : la prison de JINETA***, est un oasis des extrémistes terroristes qui font régner leur loi sous les yeux impuissants des gardiens., un repère des criminels.
- ***AFRIQUE DU SUD : la prison de POLLSMOOR*** dans le cap occidental , réputé tristement par la loi des gangs (blancs, métis, noirs...) une des prisons les plus dangereuses du monde
- -les autres pays tels que l'Érythrée, le Cameroun, la Gambie., la libye ...sont autant des pays dont les conditions carcérales ne sont pas si mieux que ceux décris ci-hauts

-comment terminer cette liste sans parler de la plus célèbre des prisons africains?

- ***LA MACA***(maison d'arrêt et de correction d'Abidjan) en côte d'Ivoire ? Une prison où on meurt plus de la mauvaise qualité de nourriture distribuée aux détenus que de la tubertucose et autres maladies.

N' y a-t-il pas d'argent pour construire des nouvelles prisons un peu plus humanistes ou agrandir celles surpeuplées datant des époques coloniales? Là encore, nos gouvernements attendent les fonds de la banque mondiale, du FMI pour être détourner après pour d'autres fins. Devrions-nous attendre les aides au développement de la France, du royaume Uni, de la Belgique pour construire des nouvelles prisons ? Ces aides au développement qui nous avilissent, qui nous enferme dans un cercle vicieux de dépendance depuis plus d'un demi siècle sans impact socio-économique visible. Il faut s'en débarrasser point barre. ! Le problème ? Ce sont nos hommes politiques qui y trouvent tellement leur compte en les detournant qu'ils ne sont pas prêts à s'en séparer. Le malheur de l'Afrique ? C'est d'avoir à sa tête une kermesse des gens inutiles et corrompus pour la plupart. Les fonds sociaux pour construire des nouvelles prisons ? Il y en a pas, Mais pour doter des députés, des sénateurs, des ministres des jeeps flambant neufs pour acheter leur silence et leur allégeance...là ...l'argent ne manque pas , des paroles à l'air ? Non! Deux exemples récents, bien triste:

-pourtant classé parmi les 10 pays les pauvres du monde, avec un indice au développement le bas au monde, avec un PIB /par habitant faible (497 euros) environ, de loin plus faibles que ceux des pays encore plus pauvres que nous que sont le rwanda et le burkina Faso (environ 700 euros) et pourtant...la présidence de la république démocratique du Congo s'est donnée en 2020 le luxe insolent de doter les sénateurs (108) ,les,députés (500) ,les professeurs d'universités....des jeeps flambant neufs pendant que nos enseignants crèvent dans des salaires inhumains, des sida(S= SALAIRE I=INSIGNIFIANT D=DIFFICILEMENT A= ACQUISE) , Pendant que nos détenus meurent de faim dans des prisons insalubres et dorment à même le sol. Ceux-là ne sont pas des congolais ? Combien d'écoles, des nouvelles prisons, d'orphelinats pouvait-on construire avec cet argent, ces millions jeter par les fenêtres ? On enrichissent les plus riches et on continue à appauvrir les plus pauvres , des Parias, citoyens de second rang.

-le gouvernement ivoirien vient de décider d'octroiyer à l'ancien vice président , "blanchi "par la cour pénal internationale plus de 1 milliards de FCFA durant les onze années passé à la Haye en guise de dédommagement ou compensation...pendant que les ivoiriens détenus à la maca meurent de faim, des microbes d'Abidjan qui dorment dans la rue dans une misère indescriptible. La crise électorale ayant mener monsieur GBAGBO à la Haye a causée la mort de plus de 2000 ivoiriens, les familles de ceux-là ont-ils tous étaient indemniser? Monsieur GBAGBO est-il plus ivoirien que les autres ivoiriens ces millions d'ivoiriens qui doivent creuser la terre pour enrichir les multinationales du cacao?

MÉDIOCRITÉ, INCOMPTENCE, VOLS (qu'ils masquent en en détournement des fonds), ÉGOÏSME, ENRICHISSEMENT ILLICITE...VOILÀ LES VICES, QUI caracterisent mieux certaines autorités africaines.

Pendant que ces criminels en cols blancs vivent dans des pavillons VIP même leur nourriture viennent de l'extérieur. Un peu à la manière de PABLO ESCOBAR, ce parrain de la drogue colombien qui s'est rendu coupable de plusieurs crimes et assassinats tant des hommes politiques colombiens que des simples citoyens. Millionnaire qu'il était, condamné, il refusa de purger sa peine dans une prison publique ordinaire. Dans un accord avec le gouvernement colombien, il fera plier le gouvernement colombien en se construisant sa propre prison 5 étoiles doté des boites de nuits, d'une piscine, d'un terrain de football, d'un palais VIP où il organisait des orgies de toutes sortes. Même ci nos voleurs ***politichiens*** incarcérés ne bénéficient pas des avantages aussi exorbitants en prison , la vérité est qu'ils ont leurs pavillons a part doté de toutes les commodités d'une vie de riche.

Après une ou deux années passées en prison (salle de repos) , ils se créent une vraie fausse maladie nécessitant des soins à l'étranger en demandant une liberté provisoire ou conditionnelle. Quelle blague! Après plus d'un demi siècle d'indépendance, pour un maux de tête, une simple hypertension ou diabete on se fait encore soigner à l'étranger ?quelle insulte pour le peuple africain ? N'a-t-on pas des hôpitaux modernes ici en Afrique capable de soigner ces maladies ?

Évacuation a l'étranger pour un simple bobo, cette bêtise n'a de place qu'en Afrique! La suite ? c'est l' acquittement. Les chanceux, arrivent même a retrouver leur ancien poste, soit ils sont muté pour un autre poste discret.

III. CES PRESIDENTS À VIE

Ces présidents , pour la plupart arriver au pouvoir par des coups d'État, se sont tellement enrichie ilicittement qu'ils se sont accrochés au pouvoir en modifiants leurs constitutions pour s'éterniser au pouvoir sachant les casseroles qu'ils traineront une fois qu'ils auraient quitter le pouvoir.

Quelle est cette fonction où on ne prends pas de retraite.?

On en connais un qui totalise près d'un demi siècle au pouvoir, sans gêne ni remords. Des présidents entourer des dinosaures courtiers totalement déconnecté des difficultés et préoccupations des jeunes, citoyens de second rang. Des promesses falacieuses et farfelues qu'ils renouvèlent avant et après chaque élection. Que du déjà entendus.

Un autre se considère tellement sacré et indispensable qu'en plus de modifier la constitution de son pays pour rester à vie au pouvoir, il s'est tristement rendu célèbre et spécialisé dans l'assassinat de ses opposants au pays comme dans n'importe quel pays d'Afrique par ses experts espions et dans la destabilisation des pays voisins . La peinture pour masquer ces sales besognes reste la bonne gestion de son pays qui lui donne une certaine dignité sur le plan international. Doit-on rappeler à ces gens cette célèbre phrase de BARACK OBAMA >>l'Afrique n'a pas besoin des hommes forts, mais des institutions fortes"

chose grave, ils se croient maîtres du ciel et de la terre en décidant d' éteindre telle ou telle vie qui a une vision différentes des siennes.

Le journaliste NORBERT ZONGO qui osa critiquer les dérives dictatoriales d'un membre de la famille présidentielle se retrouve actuellement au monde des morts voilà plus de 20 ans. Le coupable se pavane librement dans les rues françaises sans être inquiéter profitant abusivement de la protection française offerte aux exilés politiques malgré les multiples demandes d'extraditions du gouvernement burkinabé actuel. Celui-là , est ce vraiment un exilé ou plutôt un criminel en fuite? La France ferai mieux de revoir sa politique de protection des exilés politiques. À quand la justice pour NORBERT ZONGO?

________ *IV . CES CRIMES CRAPULEUX IMPUNIS*

Les rares opposants qui ont fait l'exploit de gagner les présidentielles (quand on les a pas cédé à la suite d'un pacte secret avec le président sortant hors mandat) deviennent eux-mêmes plus dictateurs que leurs précédents. Les dérives dictatoriales qu'ils denoncaient hier deviennent leur expertises une fois au pouvoir(recul démocratique, verrouillage des libertés d'expression, reprimandes sauvages des marches pacifiques, emprisonnement ou assassinats des opposants politiques...)

Sommes-nous dans un continent bananier peut être? Si c'est vrai, alors banalisons ces faits, sinon, ces derives dictatoriales seront dénoncer avec la plus forte énergie par la jeunesse actuelle de l'Afrique, une jeunesse consciente , engagée et Vigilante qui n'est pas prête à tolérer une .quelconque dictature en Afrique

Les guerres successives qui ont ensanglater l'Est de la république démocratique du Congo ont fauché la vie à plus de 5 millions des vies humaines. aucun coupable jusque-là. Aucune commission nationale serieuse pour établir les responsabilités des uns et des autres. Au contraire, les seigneurs de guerres d'hier se sont blanchis et sont gracieux au nom de la paix ont eu à occuper des postes à hautes responsabilités dans le,pays (ministres des affaires étrangères,vice présidents de la république députés, sénateurs...) en remerciement de leurs sales besognes, de leurs crimes. Et le rapport MAPING initié par l'ONU qui cite nommement certains de ces criminels de la république démocratique du Congo et leurs soutiens étrangers que sont le Rwanda et l'Ouganda ? Relégué aux calendes grecques et jeter aux oubliettes de l'histoire. Qui ose en parler encore aujourd'hui?

.!Des morts pour rien

Autre triste illustration : la côte d'Ivoire, cette terre si belle, si hospitalière a connu lui aussi dans les années 2000 des successives guerres civiles qui ont supprimer tant des jeunes vies à l'Afrique. La suite ? Aucun coupable si ce n'est des règlements des comptes des vainqueurs sur les vaincus. Chacun fait le ponce Pilate en rejetant la responsabilité sur l'autre . Une guerre civile orpheline dont aucun homme politique ne veut à ce jour revendiquer la moindre paternité.. Les criminels d'hier sont remercier en occupant des postes dans différents ministères, présidence de l'Assemblée nationale, la primature....quand d'autres sont gracié par des instances judiciaires internationales par manque des preuves. Des crimes parfaits. Déjà cette cours ne cible que les africains et quand bien même ils sont jugés, 95% d'entre eux sont toujours acquitter fautes des preuves. Je voudrais bien que Larousse nous explique ou nous redéfinisse la notion de " preuve" .sinon, à quoi servent ces 2000, 3000 pages des ces mastodontes livres portant des accusations de ces crimes documenter par les procureurs généraux de cette cour hypocrite

En Afrique, vous êtes jeunes, vous ne voulez pas rejoindre vos ancêtres ?faites la politique de la bouche cousue . vous mourrez pauvres peut être mais en paix. Des vertébrés comme nous autres qui ne supportent pas les injustices et n'ont que notre stylo et notre carnet pour dénoncer, interpeller les consciences libres savent à quoi s'attendre un jour....

En Afrique, nos chefs d'États et leurs acolytes sont des dieux. Leurs véhicules, leurs biens, leurs familles sont tous sacrés. On se rappelera de ce jeune congolais Armand tungulu aujourd'hui sous terre pour avoir montrer son mécontentement en caillassant le convoi présidentiel d'un chef d'état en perte de légitimité. Qui oubliera le sort réservé à ce célèbre activiste de droits de l'homme congolais, FLORIBERT CHEBEYA (il enquetait sur l'assassinat de AIMEE KABILA, fille semble t-il biologique mzee Laurent désiré KABILA) et son collaborateur BAZANA, convoqués à l'inspection générale de police , il n'en sont jamais ressortis . assassinés crapuleusement dans les locaux de l'inspection générale de la police et dont les corps n'ont jamais été retrouver? Si on connais à ces jours les participants dont certains ont avoués devant les juges et les témoins qui ont tous vus la scène et son déroulement (comment FLORIBERT CHEBEYA fut étouffé) via les caméras de surveillances. La seule question en suspens demeure: QUI A COMMANDITE CES ASSASSINATS ? beaucoup des témoins citent souvent le nom du général JOHN NUMBI comme exécutant à l'époque bras armée du régime de JOSEPH KABILA aujourd'hui, un fugitif qui a quitté le pays par la frontière zambienne. Pourquoi est-il en fuite s'il ne se reproche de rien? Couvre-t-il quelqu'un d'autre haut placé dont il a reçu l'ordre ? Tout le monde sait, tout le monde se tait...

Enfin qui oubliera l' assassinat de Aimée KABILA qui se declarait fille de mzee Laurent désiré KABILA et posait la question à la présidence sur le devenir des biens laissées par "son père" et posait la question sur les vrais héritiers biologiques de mzee Laurent désiré KABILA. Née à kipushi en 1976, mère de 6 enfants et mariée officiellement à ALAIN MAYAMBA qui est connu sous le sobriquet célèbre de ALAIN BARRACUDA, Immortalisé par l'artiste congolais JB MPIANA dans la célèbre chanson : " SANS TE TOUCHER" leur mariage béni et reconnu par la famille présidentielle à l'époque où les relations etaient au beau fixe avec sa famille. (acte de mariage numero 106fo100 volume 1/200 du 25 février 2005) . elle était détentrice d'un passeport diplomatique Numéro D 0012893 (notons que le passeport diplomatique n'est accordée qu'aux membres des corps diplomatiques, dignitaires du pays et les membres proches de la famille présidentielle) . Rappelons aussi que le chef de la maison civile de l'ex chef de l'État gérant les biens de JOSEPH kabila avait confirmé semble-t-il la filiation de aimée KABILA comme fille de mzee Laurent désiré KABILA avant de se rétracter par la suite et nier en bloc cette filiation. Ridicule ! De fil en aiguille, rappelons aussi que cela faisait plusieurs mois avant que madame AIMEE KABILA avait alerter la mission des nations unies au Congo (MONUC à l'époque) et plusieurs ONG des droits de l'homme dont LA VOIX DES SANS VOIX de FLORIBERT CHEBEYA sur les menaces de mort dont elle était victime. elle sollicitera même la protection de la mission onusienne, sans suite... La pauvre, a sa grande surprise, recevra un mandat de comparution numéro 523/63/Géo, elle passera 52 jours en détention illégale dans les adresses inconnues du tout puissant services de renseignements ANR , c'est sous la pression du mission onusienne qu'elle sera enfin libérée et a pu revoir ses enfants dont l'un n'avait que 3 ans.

Jusqu'à ce jour fatal du 16 janvier vers 1h, déjà vers minuit , les voisins ont signalé la présence de plusieurs jeep des militaires de la garde républicaine (unite de l'armee chargée de la protection du président de la république et hauts dignitaires du pays)paraît-il positionnées aux alentours de la résidence de la victime. c'est vers les alentours de 1 à 2heures que les portes de la maison seront fracassées, les vitres donnant accès au salon cassés. Elle tentera de se réfugier à la salle de bain prise de panique. Elle serait pourchassée et malgré ses plaintes et supplications, elle sera abattue de sang froid de plusieurs balles à l'abdomen devant ses enfants Astrid, Branly, et les autres . c'est en enquêtant sur ce crime crapuleux que FLORIBERT CHEBEYA, qui était sur la piste des assassins en remontant le fil des commanditaires qu'il subira lui aussi le même sort. Le gouvernement niera et affirmera qu'il n'existe aucun lien de parenté entre la victime et la famille présidentielle. une question : pourquoi était-elle détentrice d'un passeport diplomatique congolais ? comment justifier la présence des haut membres de la famille présidentielle à son mariage ? la justice s'est contentée des des aveux farfelus des exécutants qui affirment entrer par efraction pour voler. Mais seul le téléphone de la victime fut récupéré. L'argent et autres choses de valeurs ils n'y ont pas touché. Ils son repartis comme ils sont venus sans être inquiéter dans ce quartier huppé de la commune de Ngaliema ultra sécurisé. Le commanditaire de cet acte ignoble? Tout le monde le sait, tout le monde se tait...

Ce qui est étonnant ,est que malgré le changement de régime, rien n'y ai fait, aucune enquête, et pour cause? Le nouveau chef de l'État FELIX ANTOINE TSHISEKEDI a été clair, dès sa prise des fonctions, il a annoncé que son travail n'était pas de fouiner dans le passé du régime précédent. Autrement dit les cadavres laissés dans les tiroirs du régime précédent ne l'intéresse pas. Triste pour celui qui a toujours prôner un etat de droit mais peut-on vraiment parler d'un état de sans justice?

FLORIBERT CHEBEYA a donné sa vie à cause de cette affaire macabre, continuer a exiger la justice pour CHEBEYA et ignorer la cause même de sa mort est une hypocrisie grave! La vie de cette fille n'a-t-elle pas elle aussi de la valeur ? Comment reposera-t-elle en paix tant que justice ne sera pas rendu pour son assassinat macabre?

Entre 2017 et 2018 plusieurs centaines des jeunes congolais ont perdu la vie par balle lors des manifestations pacifiques organisées par la commission laïque appuyée par l'église catholique contre un 3eme mandat inopportune et illégale du président JOSEPH KABILA tirés a bout portant par la police congolaise détentrice de l'autorité de l'État , parmi ces morts, une jeune fille qui reçu une balle à bout portant pendant qu'elle tentait de chercher refuge dans une église catholique devant la pluie des gaz lacrymogènes qui pleuvait de toute part. Elle recevra une balle à la poitrine. Sa famille est celles des autres victimes ont-elles étaient indemnisées par l'État congolais ? Non ! De fil en aiguille, lorsqu'un policier pour des raisons qu'on ignore tira une balle intentionnellement ou par accident à une des tantes de la famille présidentielle, maman kibawa, une des soeurs de mzee laurent desire kabila) après un procès expéditif, 20 millions des dollars serait versé à la famille présidentielle KABILA par le gouvernement à titre de dommages et intérêts. Était-elle plus congolaise que les autres ? Quelle injustice!

Les famille des autres victimes, ont-elles aussi dédommagés pour leurs fils et filles perdus?

Comment peut-on comprendre qu'une seule famille, qu'un seul clan puisse s'accapparer d'autant des richesses pendant que la majorité de la population africaine continue à vivre dans une misère qui ne dit pas son nom? Selon les enquêtes bien documentées de l'ONG global fitness la gecamine, le géant minier congolais continue a perdre depuis 2006 des milliards des dollars pendant que les caisses de l'État restent vides? La cause? Un clan s'est déterminé à saigner sans état d'âme les caisses du trésor public en s'octroyant le monopole et le privilège des avantages au profit de leurs propres entreprises:.

Selon les enquêtes et investigations de la GEC(groupe d'études sur le Congo) et l'organisation BLOOMBERG; L'ancien président JOSEPH KABILA aurait détenu semble-t-il plus de 71000 hectares dans tout le territoire congolais, plus de 80 sociétés dont il est soit propriétaire ou actionnaire au pays comme à l'étranger. Sa femme et chère épouse serait propriétaire de la société OTJ construction, SARL OSIFAL s'occupant des petroles et des mines, FIVE FORTY ouvrant dans le secteur aérien et enfin HOLDING HEBRON basé en RSA qui oeuvre dans le secteur de commerce sans parler de la COMICA (la congolaise des mines et des carrieres.. ZOE KABILA lui serai propriétaire ou actionnaire majoritaire dans la société NUMBER ONE CONTRACTING spécialiste dans le foncier qui brasse pas moins de 14 million des dollars par an.

Pendant ce temps , la population croupie dans une extrême misère vivant avec moins de 2 dollars par jour. Dois-je rappeler que la république démocratique du Congo detient le taux de record de taux de chômage le plus élevé au monde? 90% de la population active .(sources : Larousse 2010 dédiée a la république démocratique du Congo, publier avec l'accord du gouvernement congolais de JOSEPH KABILA)

Faut-t-il dès lors s'étonner que les dizaines des milliers des jeunes africains risquent leur vies en tentant de rejoindre l'Europe par la tumultueuse méditerranéenne devenue le plus grand cimetière à ciel ouvert qui a englouti tant des jeunes vies africaines en quête d'un avenir meilleur.? Et mêmes quand quelques uns réussissent à atteindre les côtes européennes c'est une nouvelle galère qui commence car le pays de l'homme blanc ne leur offre aucun cadeau. Les papiers: ces morceaux de papiers qu'on néglige dans nos pays reste un sésame pour se voir offrir la chance de travailler. Et quand on déclare être mineur ? où est l'acte de naissance ? exilés politiques ? Les papiers attestants qu'on a fuit son pays pour échapper aux persécutions politiques. Ces morceaux de papiers qui se retrouvent bien souvent chez nos mamans qui vendent des arachides qui les utilisent comme emballages revêtent toute leur importance au pays de l'homme blanc sinon vous êtes clandestin. La vie de ces papiers est plus pire que la mort: ils doivent dormir sous des ponts, dans des gares jouant aux voyageurs qui attendent leur train, un train imaginaire. L'essentiel est de trouver où mettre la tête en attendant d'aller faire la queue le Matin à la cantine populaire pour bénéficier de la soupe populaire. La vie d'un clandestin en Europe est plus pire que la mort, des citoyens de secong rang dans l'enfer européen. L'Europe n'est pas un paradis. Doit-on rappeler que la France qui a comme devise : LIBERTÉ, FRATERNITÉ ET ÉGALITÉ laisse dans une misère proche de notre tiers monde ses propres citoyens d'outre mer. Où est l'égalité, quand la population mahorais vivent dans des bidons villes semblables aux townships sud-africains ou aux favelas brésiliens ? Doit-on rappeler que ces descendants africains sont des français à part entière et doivent bénéficier des mêmes conditions sociales que ceux de la métropole? Comment cette France prendra t-elle mieux en charge (immigration) les africains quand elle peine à s'occuper équitablement de ses propres fils? Doit-on rappeler que 29% de la population' du Mayotte en outre mer (territoire français) n'ont pas accès à l'eau potable selon une étude de l'INSEE sur l'évolution des logements dans le département français (source : le Figaro) contre moins de 7% dans la France métropolitaine. Quelle injustice pour ces citoyens de second rang français.

V. CES INJUSTICES CRIMINELS ET IMPARDONNABLES

Nous jeunes, ne demandons pas mieux que l'amélioration de nos conditions de vie sociale. Un travail qui nous permettra de faire vivre et élever nos enfants dans la dignité . La jeunesse africaine d'aujourd'hui n'est pas celle d'hier certes pacives tolérante et supportant durant des decenies des régimes injustes, inertes ,corrompus et prédateurs. Nous sommes celle de la génération consciente et éveillée.

Nous avons eu à faire barrage à ceux qui ont voulu confisqués a vie le pouvoir et bouter dehors ces criminels prédateurs qui ont saigner sans scrupule nos trésors publics.

Citoyens de second rang, notre continent est devenu celui des multinationales qui sont devenus plus puissantes que nos gouvernements. Combien des quartiers sont rasés illégalement à kolwezi ville minière de la république démocratique du congo au nom de l'exploitation du cuivre et cobalt. Et ce sont ces multinationales, elles seules qui fixent le prix de l'indemnisation des pauvres spoliés. A prendre ou à laisser. Triste!

Pourquoi nos enfants doivent étudier dans des écoles publiques insalubres, pendant que ceux des dignitaires à la tête de l'État , eux sont inscrits au prix du pauvre contriabuable dans les meilleures écoles de la ville ou à l'étranger?.

Les SHEGUES (enfants de la rue de Kinshasa) n'ont-ils pas les mêmes droits que les enfants des ministres, députés ou sénateurs?

LES MICROBES (surnom péjoratif collé aux enfants de la rue vivant des petits larcins) d'Abidjan, n'ont-ils pas les mêmes droits que ceux des autres dignitaires ivoiriens?

Qu'ont fait les ***TALIBES*** de Dakar pour mériter cette vie mandiante sous le soleil ardent de ?Dakar

Quel sera l'avenir de tout ces enfants abandonnés dans la rue à leur triste sort? Sinon le banditisme, et les braquages à mains armées ? Les victimes ? Ce sont nos populations, citoyens de seront rang. Nos autorités sont eux , et eux seuls les promoteurs de l'insécurité regnante dans nos villes déjà butées à plusieurs autres problèmes sociaux . Ces jeunes sont abandonnés à leur triste sort loin des préoccupations politiciens qui préfèrent jeter l'argent par les fenêtres en dotant des joueurs, des députés et sénateurs des djeeps et autres gadgets pour des raisons propagandistes hypocrites. Les sommes pharaoniques dépensées pour ces bêtises peuvent être servi pour construire autant des centres des formations professionnelles pour des jeunes dits et appelés à tort péjorativement "***enfants de la rue***" est ce la rue qui les a mis au monde pour s'occuper d'eux ?. A défaut des manquements des parents (décès, manque des moyens financiers, irresponsabilité de certains...) c'est à l'État de prendre en charge et s'occuper de ces malheureux enfants. Hélas! Nos ***gouverne-et-ment*** préfèrent enrichir les riches pour des raisons propagandistes.

une année suffit en Afrique , pour s'enrichir quand on est dans le cercle du pouvoir. Témoin cet aveux d'un homme politique au Congo, pilier du régime à l'époque et bras droit du président de la république, passé à l'opposition après seulement une année au pouvoir , à ces anciens alliés au pouvoir qui l' accuse d'enrichissement illicite, sans se gêner il leur renvoi la balle et avoue : >>effectivement, j'ai pu bénéficier comme tant d'autres du train de vie exorbitant des institutions de la république dont j'ai dénoncé..., où est le problème<<...?

Ces pourris clament haut et fort que les caisses de l'État sont vides pour satisfaire aux revendications des enseignants, infirmiers, médecins, mais dotent des jeeps flambants neufs aux professeurs d'université, aux sénateurs et députés ... Pendant qu'ils clament dans vrais-faux slogans : " le peuple d'abord" . je me suis souvent demandé : " de quel peuple parlent-ils au fait?"ces gens nous prennent pour des cons apparemment!

Combien gagne un député national congolais ? Eux qui travaillent six mois par année ? Environ 4000$ mensuel contre moins de 200$ pour un enseignant qui travaille 10 mois entiers sur 12. Soit l'équivalent d'à peine 5% de ce que touche un député national, ces députés dont la plupart sèchent les séances parlemetaires pour vaquer à leurs business personnels quand d'autres somnolent en pleine séances parlemetaires ou passent leur temps à tweeter(leur nouveau terrain de ring) en pleine session pour diatriber leurs adversaires politiques.

En 2021, le budjet annuel de la France, 4 ème puissance économique mondiale s'elevait à 174 milliards d'euros soit 177.5 milliards de dollars (source : ministère de l'économie et finances française) contre environ 7 milliards (source : ministère de budget du gouvernement congolais) pour la république démocratique du Congo, ce qui fait que le budget annuel de la république démocratique du Congo ne represente qu'environ 4% du budget

France, alors , je dormirai tranquillement dans mon oreiller et déposerai ma plume le jour où le gouvernement congolais expliquera à la face du monde et justifierai le salaire de 13.062 $ de salaire mensuel du president congolais (source: ministère de budget congolais) contre environ 13770 $ pour le président français. Bref malgré le fait d'être classé parmi les 10 pays les pauvres du monde, le président congolais toucherai mensuellement l'équivalent de 95% de ce que touche le président français (4 ou 5eme puissance économique mondiale. Quelle bêtise ! Et malheureusement que le ridicule ne tue pas, ils ajoutent a la colère du peuple le pompeux slogan " ***le peuple d'abord*** " bon Dieu !

Sans parler des dérapages budgetaires de la présidence congolais qui frôlent souvent les 180% avant même la fin de l'année budgetaite, là aussi ils ne manquent pas d'arguments pour justifier l'injustifiable! Qu'avons nous fait au juste au bon Dieu pour mériter des broutilles des dirigeants pareilles?

Et quand même certains gouvernements des pays riches pensent à nous autres, citoyens de second en nous octroyant des bourses d'études en vue de nous donner une chance dans la vie, ces gens, ces autorités, sans la moindre pitié, ils détournent ces bourses d'études au profit de leurs proches parentés ou leurs propres enfants. Témoin ce fait dont je fis moi-même victime: feru d'Internet , je naviguais dans ses eaux lorsque par un heureux hasard, je tombe je ne sais comment sur un programme canadien de la francophonie offrant des bourses d'études aux ressortissants des pays pauvres, mon pays la république démocratique du Congo battant le record dans ces genres des qualificatifs et figurait en bonne place ,en tête même de la liste des heureux beneficiaires dont les ressortissants ayant remplis un certain nombre des pouvaient candidater .Chaque candidat remplissant les conditions pouvait dores et déjà passait au ministère des affaires étrangères de son pays pour récupérer les formulaires d'inscription et les remplir. J'étais aux anges et me voyais déjà au Canada mon pays de rêve dans une université de Québec, van couver ou d'Ottawa...et dès mon retour à la maison j'ai arrangé mon dossier avec toutes les pièces exigés. C'était la chance de ma vie dont je ne voulais pas louper.

Dès le lendemain matin c'est vers 8heures que je jeta un dernier coup d'oeil sur mon dossier pour être sûr qu'il était bien ficelé, un doux soleil reflétait déjà ses premiers rayons , signe d'un bon temps. aux alentours de 10 heures je me retrouvais déjà dans hall imposant du ministère des affaires étrangères bordant le magestueux fleuve Congo pas loin du palais présidentiel. cet endroit a lui seul inspirait la crainte et le respect, c'est le centre névralgique de la diplomatie congolais. Jetais là, hésitant, inquiet comme un de ses pensionnaires du zoo qui ne parviens pas à comprendre de quelle façon il s'est retrouvé dans sa case. Avec une attitude polie. je me renseigne auprès du receptioniste , c'était un vieux papa qui avait déjà apparemment sauté la ligne de la retraite. Sa barbe blanche temoignait à elle seule le poids de son âge, il n'était pas née de la pluie d'hier.

-bonjour monsieur!

-bonjour jeune homme, que puis-je faire pour vous? Me demande-t-il avec un petit sourire.

étant direct je Lui répondit en bagayant:

-je suis venu remplir les formulaires d'inscription comme candidat au programme canadien des bourses de la francophonie.

d'un air étonné , il me demande les yeux grands ouverts, il me répondit en me fixant les yeux pendant une dizaine des secondes sans sourciller, politesse bantou oblige, on ne fixe jamais des yeux à un adulte lorsqu'il s'adresse à vous. Je fis semblant moi , de regarder de gauche à droite, admirant la beauté du lieu qui reflétait une sainteté sans pareille, j'observais les va-et-viens des hommes en cravates qui faisaient des allées et retour incessants, des diplomates peut être... Après il me dit:

-prends l'ascenseur jusqu'au niveau 5. Longe le couloir droit devant toi, et compte le troisième bureau à ta droite. Renseigne-toi auprès du chargé d'orientation a la coopération internationale. C'est lui qui peut mieux t'orienter sur cette affaire. Moi , je ne suis au courant de rien.

Merci monsieur, lui repondis-je avec un petit sourire timide.

Deux ou trois minutes après me voici devant le monsieur en question, sur sa table jonchent une batterie des dossiers éparpillés . son bureau qu'il partageait avec deux autres monsieurs dont une femme , la soixantaine revolue ,ressemblait plus à une bibliothèque tant il y avait des dossiers classés dans différents étagères. Sans perdre du temps, je lui explique la raison de ma présence. il sursaute de son siège avec grand étonnement et me demande.

-on vous a informé que ce pauvre ministère malgré son importance accorde des bourses d'études ? Au Canada?

-non monsieur, en me renseignant , il me semble que le programme canadien des bourses de la francophonie a bel et bien déjà déposés les formulaires d'inscription auprès de votre ministère, il suffit de remplir...

D'un air inquiet, il me fit signe, discrètement de rapprocher ma tête, par peur d'être entendu, il me chuchote quelque chose à l'oreille:

-écoute fiston,c'est un dossier très sensible , qui est géré par la secrétaire du ministre en personne, c'est d'ailleurs sa nièce. Ici nous ne gerons que les affaires courantes de moindre importance. Les dossiers juteux , eux, sont gérés là-bas. Y compris cette fameuse bourse d'études. J'en ai entendu parler mais je n'ai jamais vue d'office un seul formulaire passé sur ma table.

-ah bon?

-oui fiston, reprends l'ascenseur, monte jusqu'au niveau 10 premier bureau à gauche. C'est son bureau.

Déçu, je ressens déjà que les choses ne semblent pas aller en ma faveur. Même mon pantalon ne tenait plus , un des trous de,ma ceinture a cédé, était-ce un mauvais présage ? Dans l'ascenseur, j'essayais en vain de l'arranger. J'ai réussi enfin à bien l' ajuster. Le blanc qui était dans le même ascenseur me signale avec un petit sourire d'arranger mon nez de papillon qui avait déjà pris le sens contraire et m'était monté jusqu'au niveau de ma paume d'Adam. Je n'y avais avait même pas remarquer. Je lui remerci avec un petit merci tout en ajustant mon nez de papillon, mon dossier entre les jambes. Apparemment, je n'était pas au bout de mes peines... Trois minutes après je me retrouvais devant une jolie blonde métisse d'une trentaine d'années revolue. Elle mit signe de m'asseoir, elle prenait bien son temps en causant longuement dans son téléphone. après une bonne dizaine des minutes , elle raccrocha et me dit:

-désolé, j'étais en communication avec le secrétaire permanent de la CEEAC (communauté économique des états de l'Afrique centrale sur prochaine session qui doit se dérouler à Brazzaville, donc comprenez que le temps qui reste ne joue pas à notre faveur. Je suis au four et au moulin. Alors facilitez-moi la tache en étant bref. En quoi puis-je vous être utile?

-je suis monsieur BUETE... diplômé de la section scientifique au complexe scolaire...

Elle me coupa sèchement la parole:

-monsieur soyez bref et aller droit au but, je dois rencontrer le ministre dans les minutes qui suivent s'il vous plait.

-je suis venu remplir les formulaires d'inscription pour candidater pour les bourses d'études du programme canadien des bourses de la francophonie.

Du coup , son visage s' allongea et sursauta:

-ah bon ? De quelles bourses parlez vous?

-les bourses du programme canadien de la francophonie, lui repondis-je d'un air sec à mon tour.

Car visiblement, j'ai su qu'elle jouait à une innocence, une ignorance hypocrite.

-désolé monsieur, je n'ai jamais entendu parler de cette fameuse bourse. Bon c'est assez, vous pouvez disposer, aller plutôt vous renseigner au ministère de l'éducation. Vous n'êtes pas à la bonne adresse!

Sans plus tarder , elle se leva de son siège et me montra la porte de,sortie sans autre forme de procès.

Je suis rentré avec mon dossier confus et bredouille. Elle était si hautaine, si sarcastique dans ses gestes et paroles. C'était la douche froide, en rentrant , mes jambes ne tenaient plus.

Doutant de sa sincérité, deux jours après, je me décida d'aller me renseigner moi-même auprès de la représentation diplomatique canadien pour démêler le vrai du faux. Les formulaires d'inscription sont-ils réellement étaient déposé auprès du ministre des affaires étrangères de mon pays. En arrivant, je me suis installé a la salle d'attente en attendant mon tour d'être reçu. Et là devant la secrétaire de l'ambassade qui est ce que je vois? À ma grande surprise? C'est la fameuse secrétaire du ministre venue déposer une pile des formulaires d'inscriptions des candidats fantômes.

J'étais désemparé et en colère, tel un lion qui veut bondir sur une proie. A sa sortie de l'ambassade, je la tacle à l'extérieur juste avant qu'elle n'entre dans sa jeep.

-bonjour madame!

Elle sursaute , en enlevant ses lunettes de soleil

-vous me connaissez?

Très en colère je lui réponds:

-arrêtez de faire semblant, c'est ridicule! Il y a à peine deux jours jetais dans votre bureau, et vous avez nier être au courant d'un quelconque programme canadien des bourses....

Comme à son habitude, elle me coupa sèchement la parole:.

-ecoute-moi très bien monsieur, je ne suis pas de ton niveau et moins encore j'ai moi des comptes à te rendre , c'est clair?

-vous n'avez pas des comptes a me rendre ,non bien-sûr, encore moins de votre niveau, et je j'aimerai même y être, car la malhonnêteté et le détournement sont deux vices qui ne font pas partis de ma petite personnalité.

-vous m'insulter? Monsieur ? Savez-vous à qui vous parler?

-c'est ne pas votre faute madame, c'est la faute au système pourri qui vous a produit, une classe dirigeante pourrie et corrompue!

Avant qu'elle n'aie le temps de répliquer, j'avais déjà tourner les talons.

En route , je me fis vite ma propre idée : les ONG et gouvernements étrangers octroient chaque année, des bourses d'études aux ressortissants des pays pauvres, une fois les formulaires d'inscription entre les mains soit du ministère des affaires étrangères, soit du ministère de l'éducation, ces bourses d'études sont détourner au profit des enfants, neveux ou parentés de certaines personnes haut- placés, pendant que des ayants droits sont systématiquement écartés. Pas étonnant que dans nos systèmes politiques, on retrouvent les mêmes noms dans des postes prestigieux des decenies en decenies . quel est ce ministre, député ou sénateur qui dans un passé proche ou lointain n'a pas eu dans sa lignée une autre personne haut placée dans,la gestions des affaires publiques. Pour preuve , ma propre tante ayant fait des études de coupe couture , s'est retrouvée cadre a la banque centrale du Congo sur simple lettre de recommandation de son père, un cadre militaire au gouverneur de la banque centrale. C'est triste!

Autre preuve, plus de 80% des ministres , députés, sénateurs ou mandataires publiques dans nos pays africains ont tous fait leurs études universitaires dans des prestigieux écoles et universités en Europe ou en Amérique. Et certainement, un bon nombre d'entre eux , les ont fait par des bourses d'études détournés probablement. Et pour cause? La plupart de nos politiques sont pourries!

VI. CES PUISSANTS DICTATEURS TOMBÉS DU JOUR AU LENDEMAIN

Une vérité reste pourtant indéniable et irréfutable : " on peut tromper une partie du peuple tout le temps, on peut tromper tout le peuple pendant un temps, mais une chose sûre ; c'est qu'on ne peut pas tromper tout le peuple tout le temps"

- ***BEN ALI*** : l'ex président tunisien et sa bande se sont crus à un certain moment devenus des dieux en pillant, saignant les caisses de l'État tunisien vivant dans un luxe insolent, spoliant les biens du commun du peuple, pour y construire leurs villas et palaces au point de devenir des millionnaires. Leur fin tragique , proviendra pourtant d'un minime incident; un accrochage entre un jeune misérable et un policier , ce dernier voulait ravir à ce pauvre tunisien sa petite marchandise, Mohamed bouaziz , refusant et protestant la confiscation de sa petite marchandise , sa seule survie s'est immolé en public. Ce geste de désespoir provoquera l'indignation de la population face a un pouvoir corrompu, de Tunis ce sont des millions des tunisiens dans tout le pays descendus en masse pour demander le départ du pouvoir corrompu de BEN ALI et sa bande des TRABELSIE (famille de sa femme). Le départ immédiat du président est exigé. Au départ, le gouvernement a minimisé ce soulèvement populaire, mais s'est vite rendu compte de l'empleur de ce soulèvement que plu tard. N'ayant plus de choix , il sera contraint de fuir avec toute sa famille de la Tunisie tel un paria, chassé par son peuple . dans la précipitation de sa fuite , il oubliera de récupérer plus d'un million de dollars cachés dans un coffre privé dans sa résidence ! Quel scandale pour les tunisiens de découvrir tant des devises étrangers en liquide caché dans sa résidence, et cela n'était que l'arbre qui cache la forêt. Car ce sont plusieurs millions des dollars que ce couple des parias auraient détourner depuis des decenies au pouvoir. de son exil doré , il vit paisiblement avec sa famille. il fut ***LE PREMIER GAOU!***
- ***MOUBARAK*** de l'Égypte, lui aussi de fil aiguille a corrompu toute son administration, et qui s'est enrichi illicitement par un mode de gestion predataire se croyait à l'abri dans son luxueux palais présidentiel de ce qui se passait en Tunisie. Il aura l'audace de déclarer même que " l'Égypte n'est pas la Tunisie" il sera lui aussi surpris par la rapidité des événements lorsque le vaillant peuple égyptien lui montrera la porte de sortie. Rappelé à l'ordre, il quittera le pays tel un fugitif en prenant la poudre d' escampete. Il fut le ***deuxième Gaou***

- qui aurait cru le tout puissant maitre de la Libye , le guide de la jamahiririya , ***MOHAMAD KADHAFI,*** lui qui a défié orgueilleusement le tout puissant gouverment américain , son ennemi juré en allant jusqu'à bombarder en plein ciel un avion de ligne américain de L' ETEA, causant mort d'hommes de plusieurs citoyens américains, français et autres , en représailles, le gouvernement américain bombardera sa résidence , il perdra une de ses filles lors de ce bombardement, mais lui échappera de justesse, il n'était pas présent sur place, depuis , il échappera à plusieurs autres tentatives projets d'assassinats du gouvernement américain. Le roi du pétrole se croyait à l'abri des turbulences qui secouaient ses voisins confiant à son armée, la plus puissante de l'Afrique. Hélas, son malheur proviendra du nord , dans la ville de benghazi ou une poignée de la population longtemps marginalisee et profitant du vent des libertés qui soufflait dans les pays voisins saisira cette ultime chance pour s'opposer , se soulever contre le régime du guide. Très en colère il enverra plusieurs colonnes des bataillons spécialisés de son armée à benghazi pour mater cette rébellion naissante. Face a la communauté internationale il declarera en vociferant, : " nous allons nettoyer benghazi , rue par rue, maison par maison" . mais cela était sans compter avec la détermination de la France, qui lui fera payer ses vieux litiges non réglé de la promesse non tenue de l'achat des armes, et missiles français, contrat qu'il n'aurait pas respecté, les américains , eux aussi auront saisi la bonne occasion pour mettre par terre le vieux léopard, seul contre tous, la France réussira à obtenir de l'ONU l'établissement d'une zone d'exclusion aérienne contre les avions et hélicoptères militaires libyens officiellement pour protéger la population civile menacée par la folie du roi libyens. La France entrera la première en dance en bombardant et clouera au sol la force aérienne libyenne avant que l'OTAN termine le job en émiettant ce qui restait de la force militaire libyen. Lé roi libyen n'aura plus d'autres choix que de,se réfugier auprès des siens , dans sa ville natale de Syrte. Le vrai dans tout cet imbroglios est que le guide aurait prévenu les occidentaux des conséquence irréfléchies de la chute de son régime contre les menaces de ceux qu'il appelait péjorativement des " barbus" des djihadistes qui voulaient profiter de la situation pour prendre le pouvoir et déstabiliser toute la région , même l'Europe, ne serait pas epargner. De ce coter là, reconnaissons au moins sa mission de prophète malgré ses extravagances. Son convoi en route pour quitter le pays serait vite repéré et bombardé. Il trouvera refuge dans un éboueur, tel un rat il sera ex filtré de sa cache et subira les pires sévices à la hauteur de ce qu'il aurait fait et causé durant son règne terrifiant. Frappé a mort par une foule des miliciens en colère qui l' exhibait tel un trophée, une oeuvre d'art dans un musée par les milices armées sur excité avant de recevoir une balle en pleine tête. Son corps jugé indigne d'être gardé dans une morgue normale sera exposé dans une chambre froide réservé aux poissons. Les milliers des curieux lybiens voulant assister personnellement à l'histoire formeront des fils d'attente de plusieurs kilomètres pour voir de leurs propres yeux le sort réservé à celui-là même qu'ils avaient portaient en triomphe hier en soutenant sa résistance contre l'hégémonie americaine (qui faisait hier la pluie et le beau dans le monopole du pétrole libyen avec leurs acolytes italiens, français et autres...dès sa prise de pouvoir on se rappelera de la nationalisation brutale et sauvage des entreprises étrangères dont américaines et italiennes...une geste que les americains ne lui pardonnera jamais)

Malgré ses derives dictatoriales, crimes et actes crapuleux, et loin de minimiser ou banaliser ses actes crapuleux et criminels reconnaissons en toute honnêteté que ***MOHAMAD KADHAFI*** fut un rempart contre ceux qu'il appelait : "barbus" ces djihadistes terroristes qui profitant du vide laissé, ont envahis et complètement détruit la sous région ouest africaine. En envahissant le malie qu'ils voulaient transformer en khalifa. Ni n'était l'intervention des militaires français de l'opération BARKHANE (Malgré tout les maux qu'on peut leur imputer aujourd'hui, Dieu seul sait ce qui aurait advenu de ce pays. La France et les autres pays européennes connaissent encore les conséquences de la montée brusque du dhihadismes, ces criminels qui n'ont rien d'Islam. Religion tolérante et pronant la paix et le vivre ensemble. Si seulement il avait compris la voie du peuple et quitter pacifiquement le pouvoir…mais hélas...il sera ***le troisième gaou. !***

MOHAMED EL BECHIR du Soudan qui a commis tant des crimes contre l'humanité en menant une guerre sans merci au Darfour en tuant et massacrant une partie de son peuple hostile à son pouvoir. Lui qui a défié la justice internationale en refusant de,se présenter à la Haye pour répondre de accusations de crimes contre l'humanité durant des decenies . qui oubliera l'imbroglio de sa fuite précipitée en catimini lors d'un sommet de l'Union africaine organisée en Afrique du sud , où les parlemetaires sud africains ont exigés au gouvernement sud africain de l'arrêter en exécution du mandat d'arrêt international lancé contre lui par la cour pénal international. Pris dans un embarras gênant, le gouvernement de Jacob Zuma aurait préféré l'exfiltrer du pays en catimini contre l'avis du parlement. Là même ou la justice internationale avait échoué. Aidee, par le peuple, l'armée, cette même armée qu'il aurait formée et équipée, le poussera à la porte de sortie suite à la pression de la rue. Il fut ***le 4eme gaou!***

-le président ***Abdel Aziz bouteflika*** de l'Algérie, qui a longtemps cru que sa lutte acharnée pour la libération du peuple algérien et son indépendance du joug français lui procurait une protection quasi éternelle au pouvoir, et que même malade en fauteuil roulant, il pouvait briguer un énième mandat a la tête de ce riche pays, il fut rappelé à l'ordre par le brave peuple algérien qui lui signifiera clairement que la place d'un grabataire malade était le passionnant et non à la présidence. Son ambition de rester à vie au pouvoir, ou disons clairement, l'ambition de son cercle proche, ces courtiers qui ont tout fait pour qu'il reste à la présidence, afin de profiter aussi longtemps des biens du peuple algérien fut stoppée net. Il fut le ***5eme gaou!***

- -***BLAISE COMPAORE***, puisque c'est de lui qu'il s'agit, président du Burkina Faso, après être livré dans des sales besognes en sacrifiant sur l'autel des intérêts égoïstes, personnels et etrangers, a participé, si pas dire , contribué et commandité l'assassinat de THOMAS

SANKARA, alors président de la république du pays des hommes intégrés. Ce digne fils, l'un des rares personnages intègre et droit à la hauteur de MANDELA que l'Afrique ait donné à l'humanité. COMPAORE a voulu se blanchir, laver son honneur terni après cet assassinat dont les exécutants se sont depuis des decenies lancés à un dangereux jeux de ping-pong (armée et bérets rouges...) en s'octroyant la noble mission de pacificateur, facilitateur de plusieurs conflits régionaux et internationaux. Il était devenu l'homme essentiel, indispensable des occidentaux pour désamorcer plusieurs crises. Disons plutôt que la mission lui reusssissait bien. Il était l'ange gardien du ciel ouest africain, et chose curieuse, alors que plusieurs pays ont basculés, touché par le terrorisme après la chute du pouvoir libyen seul son pays était épargné comme par miracle. Beaucoup plus à l'étranger, il oubliant la misère de son peuple dont la situation économique était plus qu'excrable , une jeunesse qui fuyait en masse le pays vers l'Eldorado ivoirien. Quelle ne fut pas sa surprise lorsque le peuple burkinabé accompagné par plusieurs mouvements citoyens non politiques s'est soulevé comme un seul homme pour lui montrer la porte de sortie. Et lorsqu'il a voulu s' entêter fort du soutien Fidel de son armée, le peuple tel une marée humaine , s'est décidée à aller lui déloger dans son cossu palais présidentiel de kossi de la manière la plus forte. Il a échappé de près à la justice populaire par lynchage. Quelle humiliation pour cet homme brillant promi à une carrière de diplomate international à l'ONU ou dans la sous-région...en attendant , de son exil doré en côte d'Ivoire, le dossier THOMAS SANKARA le rattrape.on ne peut échapper éternellement à la justice. de fois , il faut avoir le sens de responsabilité, le courage et la maturité de faire face à son passé aussi sombre soit-il. Il fut ***le 6 ème gaou.!***

-JOSEPH KABILA, premier président élu democratiquement en république démocratique du Congo, après avoir épuisé ses deux mandats a voulu lui aussi, entouré et encouragé par un cercle des coutisans ,courtiers et dinosaures de l'ex régime se donner le luxe d'un troisième mandat illégal et anticonstitutionnel à la tête de ce beau , riche et pauvre pays(dilemme congolais) . qualifié d'un troisième faux penalty, il s'est heurté à la force et la détermination du peuple congolais, kinois en particulier qui s'est juré de faire tomber sa tête. Après plus de 17 ans d'un régime predataire et féroce il a fini par tirer sa révérence... Pourtant au début, à sa prise du pouvoir après l'assassinat de son père, c'était l'enfant docile des occidentaux qui ont financé à plus de 80% les premières élections. Bien avant, contrairement à son père que la guerre imposée à l' Est du pays par ses anciens alliés qui l'ont escorté au pouvoir pour faire tomber le régime agonisant du maréchal MOBUTU (Rwanda, Ouganda et Burundi) qui controlaient plus de 3/4 du pays dont le vieux maquisard , fort du soutien angolais,zimbabween et namibien qui s'est juré que ce conflit se réglerait par les armes. Qualifiant des pantins et d'une " kermesse des gens inutiles et corrompus" tout ces frères congolais ayant mordu à l'hameçon des soutiens étrangers pour faire tomber son régime. JOSEPH KABILA optera pour une politique d'une grande ouverture invitant tout les groupes armés à se mettre ensemble pour unir de nouveau le pays morcelé. Il lancera même à la surprise de tous un vibrant appel à tout les filles et fils du pays partis en exil pour des raisons politiques de revenir participer à la reconstruction du pays. Il organisera les premières élections democratiques et " transparentes" qu'il remportera d'ailleurs. Ses déboires politiques commenceront lorsqu'il estimera que les occidentaux n'ont pas réalisés leurs promesses d'accompagner le pays financièrement après les élections pour réaliser ses promesses electorales . il se tournera alors vers les chinois , une aubaine quand on connait l'appétit vorace de ce pays pour les matières premières, sans se faire prier, la Chine deboursera via ses banques près de 7milliards de dollars en échange des matières premières (cuivre, cobalt...) . les milliards chinois seront investis dans le programme social du président JOSEPH KABILA résumé dans ce qu'il appelle : le 5 chantiers (eau potable, courant électrique, éducation, routes..)

La banque mondiale, le FMI, les américains, l'Union européenne...tous crient à un bradage des richesses congolaises. Quant à la banque mondiale et le FMI ils conditionnent la reprise de leur coopération financière avec le pays qu'avec la renégociation de ce contrat chinois. C'est le début de la rupture, après des pressions internationales , le contrat sera renégocié mais pas résilié. Ce qui ne satisfait guère les occidentaux qui se voient mis hors jeux après avoir financer à coût des millions des dollars les élections congolais. La méfiance s'installe . le gouvernement congolais estime avoir le droit de diversifier ses partenaires économiques sans recevoir les leçons morales de qui que ce soit et appelle au respect strict de sa souveraineté international. Dès lors , JOSEPH KABILA estimant que les occidentaux en veulent à sa tête, il durcira de plus en plus son régime (recul démocratique des libertés dexpressions, répressions brutales et sauvages des marches pacifiques...)

Craignant et refusant un quelconque chantage des occidentaux, il organisera avec deux années de retard les élections sur fonds propres du pays et n' écartait nullement, l’hypothèse d'un troisième mandat pourtant décrier par tous. La population qui n'a pas vu l' amélioration de,ses conditions sociales n'en veut pas, c'est la sombre époque des marches pacifiques de la communauté laiques chapotee par l'église catholique qui s'est positionnée en adversaire farouche du régime KABILA pour un troisième mandat illégal après 17 au pouvoir d'une predation sans pareille des richesses du pays par le clan KABILA et ses courtisans... Un troisième mandat? C'est la ligne rouge fixée par l'administration américaine au régime. Et pour bomber les torses, elle mobilisera tout un bataillon des marines stationné dans un pays de l'Afrique officiellement pour protéger et évacuer ses ressortissants du Congo au cas où...mais officieusement, le message était clair : l'administration américaine ne tolérera pas un quelconque passage en force de quelques manières possibles. C’est la douche froide pour le clan Kabila, dos au mur , Joseph Kabila choisira finalement la voie de la raison et décidera à la dernière minute de ne pas se représenter. Son dophin ayant perdu les élections, le pouvoir sera passé à l’opposition. Un camouflé pour Joseph Kabila mais en homme rusé, il réussira à se créer une vraie fausse majorité parlementaire qui lui permettait de rester dans le jeu politique même après avoir perdu et céder le pouvoir selon certaines bouches indiscrètes. Il fut le ***7eme Gaou***.

La suite c'est une succession des coups d'États en Afrique de l'ouest… les régimes incompétents sont remplacés par des régimes militaires.

La jeunesse africaine reste en alerte, notre message est clair :plus aucune dictature ne sera plus tolérée en Afrique. Nous sommes restons vigilants ! Plus rien ne sera plus comme avant. Aucun régime militaire soit-il ne peut nous faire peur et taire. Le pouvoir appartient au peuple, il le confie à qui il veut et retire sa confiance quand il veut. La plus grande armée, c'est le peuple. Ensemble nous bâtirons une Afrique plus forte et plus beau qu'avant. Plus jamais nous n'accepterons d'être des parias dans nos propres pays ! Une nouvelle Afrique est-elle possible ?

Une nouvelle Afrique

Nous somme en pleine période de la campagne électorale, la république très très démocratique du COGACA est en ébullition. Le vieux léopard le président EWADE qui totalise 32 ans au pouvoir contre l'avis de tous brigue un sixième mandat. Le leader de l'opposition qui est dans sa cinquième tentative face au candidat qui avait juré de boycotter cette élection dont il estimait que le le président EWADE sont ennemi juré (pourtant plusieurs fois son premier ministre) n'avait pas le droit de se représenter à ces nouvelles élections considerant sa candidature illégitime est pourtant revenu sur le champ de bataille, il est de nouveau candidat , cette fois il croit a ses chances de battre le candidat président.

Interviewer à la veille des élections devant un parterre des journalistes lors d'une conférence de presse il repond aux questions:

-journaliste : monsieur OBINA, vous aviez pourtant appelé au boycotte de ses élections , pouvons-nous savoir ce qui vous a fait changer d'avis à la dernière minute?

-OBINA: madame nous avions effectivement décidé de boycotter ces élections car la procédure est bieser dès le départ. Dans quel pays au monde on va aux élections avec un fichier électorale non nettoyé ? Ce fichier date de plus de Dix ans .ce gouvernement a refusé catégoriquement toutes les propositions tant de l'opposition que de la communauté internationale pour revoir ce fichier . même les experts de la francophonie dépêches pour apporter leur aide ont été expulsées comme des malfrats. Nous avions proposer de changer le président de la centrale électorale proche du candidat EWADE , là encore contre l'avis de tous ce gouvernement corrompu a tout refusé. Comprenez vous même que tout est mis en place pour un passage en forcing comme par le passé. De notre coter plutôt que de lui laisser le champ libre pour une nouvelle tricherie , nous avons pris des mesures pour lui barrer la route, ce monsieur a assez détruit ce pays. C'en est trop.

-journaliste : pouvez-vous éclairer l'opinion sur ces mesures fortes qu'avez vous pris pour éviter.ce que vous appeler un nouveau passage en force du candidat président EWADE?

-OBINA : Madame nous attendons jusqu'à présent que la centrale électorale pantin du gouvernement nous fournisse la cartographie de tout les 1200 bureaux de vote, leurs emplacements exactes jusque-là c'est sont des raisons farfelues Qu'on nous donne. De quoi ont ils peur? Nous allons déployer nos témoins dans tout les 1200 bureaux de vote pour suivre de près le déroulement de ce processus. Jusque-là madame à 5 jours des élections nous n'avons reçus que 400 accreditations sur les 1500 réclamées. Trouvez vous cela normale?

-journaliste : monsieur OBINA , la population vous reproche comme toujours vous les candidats de l'opposition d'aller aux élections en ordre dispersée, pensez vous qu'avec cette stratégie vois allez gagner ces élections présidentielles et legislatives?

-OBINA: Monsieur le journaliste il y a 5 ans nous étions 50 candidats à aller a ces élections, cette fois nous nous sommes battus pour nous unir au sein de la pus grande plate forme politique de l'opposition qui uni plus de 40 partis politiques de l'opposition. Et tous m'ont choisi comme candidat unique de l'opposition pour deboulonrer ce système corrompu . non, l'opposition est unie. Les autres dont vous parler sont des candidats payer et acheter par le pouvoir pour déstabiliser l'opposition. Des candidats corrompus . la population ne se laissera pas tromper par ces pêcheurs en eaux troubles.

Parmis que le leader de l'opposition traite avec dédain et qualifie de pantin du pouvoir est un jeune sorti fraîchement de l'Université, il n'a que 35 ans. C'est le jeune MUTOMBO qui n'est autre que l'ancien eleve du candidat EWADE au primaire. Déçu par la corruption qui gangrène la politique de son pays depuis des années et les conditions sociales misérables de son peuple, il veut lui aussi tenter sa chance. C'est le plus jeune candidat à ces présidentielles ce qui lui attire la lumière tant des médias nationaux que ceux de l'étranger. Il se présente comme le candidat du changement et de l'espoir . grâce aux cotisations participatives des étudiants de tout le pays , il a pu réunir la somme requise comme caution pour ces élections. C'est un jeune beau , elegant et très loquace.

Les resultats des présidentielles du premier tour tombent comme un coup de massue, le candidat EWADE dont les courtisants predisaient un coup K.O dès le premier tour sont déçus , il totalise 43% des suffrages. La grande surprise c'est le jeune MUTOMBO qui réussit l' esploit de passer au second tour avec 22% de loin devant le candidat de l'opposition OBINA qui receuile 15% des voix. de ce coter là, c'est la douche froide, ils crient à une manipulation des résultats. Juste après l'annonce , le candidat OBINA convoque en toute urgence une conférence de presse. il ne digère ce nouveau échec. Il est noir de colère.

-journaliste : monsieur quelle est votre réaction par rapport à ces resultats surprenants?

-OBINA : Madame, ce qui vient de se passer est un nouveau coup d'État de plus que le peuple n'acceptera pas. Ce pouvoir corrompu et macabre veut se maintenir au pouvoir à vie. Nous avons des vrais résultats que nous publierons dans quelques heures.

-Journaliste : l'église catholique qui avait dépêchée ses obsevateurs idans près de 70 % des bureaux de vote invite la centrale électorale à publier les vrais résultats. Êtes-vous d'accord avec cet appel?

-OBINA : Madame , quand je vous dis que ces résultats, sont des résultats fabriqués dans les officines occultes du gouvernement et de la centrale électorale, ai-je mis de l'eau dans ma bouche? La stratégie du pouvoir est simple: faire passer au second tour un candidat pantin pour le cuire facilement au second tour. Nous n'accepeterons pas cette bêtise, nous sommes prêt à paralyser ce pays si d'ici deux jours la centrale électorale ne revient pas à la raison.

-journaliste : et pourtant l'Union africaine et la sadc qui ont dépêché leurs observateurs parlent tous d'un scrutin pacifique et exemplaire...

-OBINA : l'Union africaine n'est qu'un syndicat des dictateurs qui se protègent mutuellement pour se maintenir a vie au pouvoir qui ne le sait pas? La sadc ? Qui preside actuellement cette organisation des magouilleurs ? N'est ce pas EWADE ? On s'en fiche complètement de leurs communiqués. des obsevateurs qui restent dans leurs bureaux climatisés offert gracieusement par EWADE le jour du vote puis viennent faire des déclarations farfelues qui ne reflètent aucune réalité sur terrain. Ils parlent d'un scrutin pacifique et crédible ? Vraiment ? Quelle ridicule! Sont ils au moins au courant de ce qui se passait à LUKWEBO à 1000 km de leurs bureaux climatisé où deux jeunes de l'opposition sont tués par balle à bout portant puisqu'ils ont refusé de signer un PV qui e reflétait pas la réalité des urnes? Des bourrages d'urnes qui a eu à MAPETA au profit du président EWADE ? Écoutez, ces communiqués communs de l'Union africaine et de la sadc sont des insultes au peuple cogacaisc.

-journaliste : monsieur si ces résultats restent tels , vous ne soutiendrez pas le jeune MUTOMBO au second tour pour au moins sauver le pays?

-OBINA : Soutenir qui? Un candidat choisi pour qu'il perde? Et il perdra. D'abord je ne le connais pas, je ne connais pas son programme. . il n'ira pas au deuxième tour car nous paralyseront ce pays par des marches pacifiques jusqu'à ce que le résultat des urnes soit rétablit. C'est tout. Sinon, ce pays sera a feu et a sang si c'est ce qu'ils veulent. les irrégularités dans ces fou tu es élections ? Il y en a plein : 1. Dans quel pays pays a-t-on vu les gens aller aux élections avec un fichier electoral datant de plus de 10 ans? Madame nous somme le seul pays au monde ou même les morts votent.

.2 Des élections où le président de la centrale électorale n'est autre que le neveu du président candidat? Ou a-t-on vu cette bêtise, même si on veut tricher on y va pas ainsi à visage découvert.

.3 La cartographie des ces 1200 bureaux de votes anoncees, jusque-là nous attendons , et je rappelle que nous sommes à une semaine des élections....constatez avec moi que tout est mis en oeuvre pour une nouvelle tricherie., mais cette dois nous sommes très vigilants.

Interrogé sur les,propos du leader de l'opposition de paralyser le pays si les vrais résultats ne sont pas rétablis , le ministre de l'intérieur proche du candidat EWADE répond avec sourire au journaliste

-c'est un mauvais perdant , il doit accepter les résultats des urnes valider par l'Union africainee, la fondation carter et même la sac.

-le journaliste : il menace de paralyser ces élections par des marches,pacifiques si possible de mettre ce pays a feu et a sang. C'est un grand leader des,masses ...vous nignorer pas cette vérité tout de même monsieur le ministre.

-le ministre : madame la journaliste , force reste du coter de la loi, un individu peut-il menacer tout un état? La police est là pour mettre hors d'État de nuire toute personne qui oserait troubler l'ordre public, il peut essayer la police l'attend lui et ses,partisans de pieds ferme. Tout est mise en oeuvre pour un second tour apaisé . en attendant le peuple peut vaquer librement à ses occupations .appeler au boycott de ce deuxième tour ? (sourire) il l'a fait pour ses élections avant de se revenir à la raison et de se rendre compte que la politique de la chaise vide ne paie jamais, tant mieux. Les années ou il faisait la pluie et le beau temps en jouant avec la morale du peuple par des journées villes mortes sans issues sont révolu es, notre est bien mâture actuellement et il a compris son jeu. le chien aboie la caravane passe...

Une semaine après une deuxième campagne électorale chaude, c'est le débat de l'entre deux tours entre le vieux léopard,le candidat EWADE et son challenger qui n'est autre que le candidat MUTOMBO son ancien élève. Le camp présidentiel est en liesse sûr de si candidat qui maîtrise tout les dossiers, un animal politique prêt à découdre avec cet apprenti politicien que tous ou presque ne donne aucune chance de remporter ce débat . la salle est comble. Le gouvernement conscient des enjeux de ce débat a donné consigne à la société desservant le courant électrique de tout mettre en oeuvre pour que toute la population suit ce débat.

-le journaliste : monsieur le président vous êtes candidat à votre propre succession pour un sixième mandat n'est ce pas un mandat de trop tout de même Monsieur le président?

-madame la journaliste, je tiens a rappeler pour dissiper toute malentendu que je suis là à ces nouvelles élections par la volonté de notre peuple souverain qui s'est prononcé à plus de 90% pour l'adoption de la nouvelle constitution par référendum sur la suppression du nombre des mandats tant aux presidentielles qu'aux legislatives. Avec cette nouvelle constitution, nous entrons dans une nouvelle ère, la quatrième république, la troisième étant révolue et enterrée , les compteurs sont donc remis à zéro . c'est ma première candidature et non la sixième. Point barre!

La journaliste sursaute

--journaliste : vous parlez d'un premier mandat monsieur le président ? Voyons...cela fait 32 ans que vous êtes au pouvoir je vous rappelle.

--CANDIDAT PRÉSIDENT : madame avez-vous aussi un problème de calcul?

-JOURNALISTE : eh ben. non.

-CANDIDAT PRÉSIDENT : alors je penses que tout a été dit sur ce point passons.

-JOURNALISTE : Le référendum dont vous parlez monsieur le président a été contesté tant par l'opposition que la communauté internationale. Même l'ONU ne reconnait pas ce référendum moins encore ce résultat de 90% . monsieur le président, que dites-vous à ceux qui contestent a légalité de ce référendum et celle de votre candidature.?

-CANDIDAT PRÉSIDENT : Madame la journaliste, la république démocratique du COGACA est un état indépendant et souverain . nous n'avons par consequent des leçons à recevoir ni de l'ONU à la solde des américains ni de l'opposition en perte de vitesse. Je rappelle une fois pour toute que c'est ne pas l'ONU ni l'opposition qui valide les élections dans ce pays. Nous avons une institution d'appui à la démocratie indépendante qu'est notre centrale électorale qui seule a le mandat d'organiser et publier les résultats des élections dans ce pays puis valider par la cour constitutionelle . aux ennemis de notre peuple qui voient d'un très mauvais oeil le rapprochement de notre pays avec la Chine et la Russie peuvent aller se faire pendre. Ils ont piller ce pays pendant près d'un siècle qu'ont ils fait? Rien.

-JOURNALISTE : la France, les américains, la Belgique, la grande sont tous contre votre candidature qu'ils estiment illégale, la république démocratique du cogaca ne gagnerait-elle pas en crédibilité en suivant les exemples de ces pays en matières démocratique?

Comme si o lui tendait une perche , le candidat EWADE arrange sa cravate regardat droit la journaliste dans les yeux:

-CANDIDAT PRÉSIDENT : la chancelière madame Merkel en Allemagne a fait 4 mandat à la tête de ce pays européen berceau de la démocratie, avez-vous vue ou entendu la France, la Belgique ou l'ONU pointer leur nez dans les affaires internes de ce pays? Au fait de quels exemples democratiques voulez-vous que nous suivons de ces pays? Eux qui ont assassinés la démocratie en Afrique. Allons aux faits un à un.

.1La Belgique ? Quelle leçon démocratique ce pays peut-elle oud donner? Elle qui a mutilée, assassinée des dizaines des milliers des ai Congo pour l'exploitation du caoutchouc, du cuivre? Elle qui a vendu à son allié américain l'uranium congolais qui a servi a la fabrication des premières bombes atomiques que les américains ont largués sur les villes japonaises d' Hiroshima et Nagasaki et ce sans état d'âme car les conséquences des ces crimes continuent à se faire sentir jusquaujourdui dans ces pays. Ces belges qui en complicité avec la CIA ont organisés et planifies l'assassinat crapuleux du patriote PATRICE EMERY LUMUMBA qui réclamait l'indépendance de son pays. fusillé son corps scié. ,jete dans l'acide sulfurique puis brûlé pour effacer toute trace. La Belgique ferait mieux de balayer d'abord devant sa maison en re voyant son passé colonial criminel avant de parler des droits de lhomme chez nous en Afrique. Après plusieurs pressions internationales, son parlement pour la ménager diligenterra une enquête expeditive ou la Belgique reconnait sa responsabilité morale dans les crimes commis durant la colonisation et celui de l'assassinat de Patrice Emery LUMUMBA. Quelle hypocrisie! Le roi belge exprimera plu tard ses regrets profonds pour ces sales besognes. Peut-on entrer par effraction dans la maison d'autrui violer, piller, tuer puis pris en flagrant délit exprimer ses regrets sans présenter aux victimes restantes des excuses profondes et reparer ce qui a ete demolit ? La Belgique doit assumer comme l'Allemagne le fait passer plus de 60 ans après ses crimes commis en Namibie y compris chez ses pairs zn Europe pourtant ses partenaires. Excuses et réparations cest ce qu'attend le peuple congolais et non des regrets hypocrites.

.3La France, encore celle là, hier occupée par l'Allemagne , c'est en partie grâces aux troupes africaines (sénégalais,congolais,guinéenne, ivoiriens...) qu'elle fut libérée, que Paris fut libérée. Mais quand ils ont réclamer les mêmes traitements sociaux comme leurs frères d'armes français, ils ont été fusillés tous par l'armée française. Qui a organisée et planifiée les assassinats de MOINIER ET OUNYOBE ces patriotes camerounais qui réclamaient eux aussi l'indépendance pour leur pays? C'est la France. Qui a couvert l'assassinat DU PANAFRICAIN THOMAS SANKARA ? Encore la France.

. 4les États-Unis , ce pays ferait mieux de s'occuper d'abord de ses propres affaires au lieux de donner des leçons de morale démocratique aux autres. Ils ont commis des crimes en Irak, en Afghanistan, au nom du pétrolle. Sous couvert de la lutte contre le terrorisme, ils maintiennent une dizaine des arabes sans jugement et sans avocat depuis une decenie ou ils sont torturés quotidiennement.. c'est de ces gens que vous voulais que nous suivons exemples ? Ces gens qui protègent jalousement la démocratie chez eux et la depiece , l'assassine chez les autres?

Devant cette démonstration de leçon d'histoire , la journaliste est restée bouche bée car le président EWADE a parlé sans avaler la salive pendant près dune heure. Ses partisans en liesse dans la salle , tous debout applaussent leur champion pendant près dune minute. Pour eux c'est , c'était un premier round gagné mais c'était sans compter avec la réplique du jeune candidat qui suivait attentivement le long discours de son challenger et prenait des notes.

sans dire mot la journaliste se tourne vers le jeune candidat comme si de rien était.

-JOURNALISTE : monsieur MUTOMBO, avant daller en profondeur, un mot sur la candidature de monsieur EWADE votre ancien maitre qui brigue un sixième mandat bien que lui selon ses calculs perle d'un premier s'il faut appliquer la nouvelle constitution.

-MUTOMBO : une candidature illégitime,illégale et inoportune. À sa place , tel un chien qui a commis une bêtise , je rabatrais ma queue. Ice monsieur a détruit ce pays durant 32 ans. Il a fait exprès de nous rappeler comment il est arrivé au pouvoir lui monseur EWADE ? Escorté par les marines américains, et les militaires français, ils ont faiit un coup d'État à notre père de l'indépendance son excellence monsieur VUBU . un homme pieux et loyal jeté en prison sur ordre de vous monsieur EWADE.. Torturé, il moura dans sa cellule de prison faute des soins. Encore un crime ! De quoi lui reprochez vous ? Commencez par reconnaitre vos propres crimes avant d'exiger aux autres de reconnaître les leurs. Après 32 ans au pouvoir avez-vous réussi à exiger a vos anciens alliés de reconnaître leurs crimes coloniaux? De s'excuser publiquement puis de réparer leurs torts? quelle hypocrisie.

-CANDIDAT PRÉSIDENT : madame la journaliste, je ne suis pas venu ici sur ce plateau pour me faire insulter ou juger. A-t-il des preuves de ce qu'il avance ? Je rappelle que ce sont des accusations graves...petit, quand vous ne connaissais pas tout les détails dun fait vous ferai mieux de garder votre bouche dans votre poche ou de tourner sept fois la langue avant que ces accusations mansongeres se retourne contre vous.

réponse du berger à la bergère, sans attendre une seconde de plus le jeune candidat contre attaque.

-MUTOMBO : rectification : ici je ne suis pas votre élevé ou votre petit , monsieur le président, je suis votre challenger et peut être votre futur président donc faites preuve dun peu de re respect et d'élégance politique lorsque vous parler de moi, c'est la moindre des choses. Les preuves de votre implication dans sa mort? Vous l'avez laisser croupir en prison pendant 10 ans sans soins médicaux. sachant qu'il était diabétique et qu'il avait besoin des soins à l'étranger, vous lui avez refuser la sortie du territoire pour des soins appropriés. Quelle preuve de plus voulez-vous?

Énervé, la journaliste recadre les deux chamailleurs:

-JOURNALISTE : Écoutez , nous ne sommes pas ici pour refaire l'histoire. Je demande a chacun de mettre un peu d'eau dans son vin. Allons aux choses sérieux. Monsieur MUTOMBO, vous êtes si jeune et excusez-moi le terme , inexpérimenté sur le plan politique, ne pensez vous pas,pas que cela un handicap pour diriger ce grand pays aux problèmes si immenses?

-MUTOMBO : AU contraire madame n'est nullement un handicap mais bien une force et un avantage face à ceux qui ont fait leur temps et prouver à la face du monde leur incompetence. Étant jeune , je comprends mieux les problèmes des jeunes, leurs difficultés et les craintes des seniors (leurs retraites qui doivent Eyre améliorer) il est temps de rajeunir ce pays, donner enfin la chance aux jeunes de travailler, permettre a nos seniors qui ont tant donné pour ce pays de se reposer dans une retraite digne et honorable.

-JOURNALISTE :que comptez vous apporter comme solution aux problèmes de ce pays sur le plan économique et social si jamais vous êtes élu président de la république?

-MUTOMBO : Min programme est axé sur 3 points à savoir:

-la lutte contre la corruption.

-le rétablissement de la justice pour tous

-la reconstruction et le développement

-JOURNALISTE : vous avez 10 minutes pour développer ces 3 points.

-mon premier combat sera a lutte contre la corruption. Ce pays si riche produit assez pour mourir toute sa population. Nous avons tant des richesses qui peuvent répondre à tout nos besoins de base et nourrir une partie de l'Afrique . mais hélas! La corruption de monsieur le président et de son clic est tellle que le peuple ne voit jamais la couleur de toutes ces richesses. Quand il a prêter son premier serment après son coup d'État que les portes de la prison sont largement ouvertes pour tout les criminels en cravates qui saignent les caisses de l'État , chose grave , il est lui-même devenu le chef d'une bande des criminels en col blanc qui pillent le trésor sans état d'âme. Le renforcement de nos régis financières par un contrôle plus strict nous permettra de mobiliser assez des fonds pour financer nos projets de développement. comment expliquer qu'un voleur d'une niche de pain se retrouve a la prison pendant que des ministres, des mandataires publiques, des conseillers du chef de l'État qui detournent des millions des dollars et les font sortir du pays illégalement sont en liberté ? Moi président de la république un centime de l'État détourner t'amenera directement en prison sans autre forme de procès. Sous ma présidence, l'agriculture doit prendre sa revanche sur les mines. Elle sera déclarée priorité des priorités. Un inventaire de toutes nos terres arables sera fait ,dans toute sa nos provinces pour remettre notre peuple au travail . les machines seront importees et distribuer dans chaque province, les intrants distribuer gratuitement aux agriculteurs locaux et autres matériels . nous comptons créer 4 millions d'emplois dans ce secteurs en 5 ans.

Aucun minerais (cobalt,cuivre,or,zinc, coltan ne sera exporté a l'État brut tout doit être transformer au moins en partie ici sur place dans notre territoire dans quel but? Créer plus d'emplois pour nos jeunes.

Comment comprendre à CZ jour que les dépenses de la présidence, la primature et le parlement engloutissent chaque année 30% du budget national alors qu'en France pourtant 5 ème puissance économique mondiale, les dépenses de ces 3 institutions reuinies natteignent pas le 1% du budget national annuel français ?c'est criminel madame ce que ce gouvernement corrompu et EUR chef de bande. Moi, président j'abaisserai progressivement les dépenses de ces trois institutions gourmandes jusqu'à 2% du budget national mon objectif final est d'arriver à 0,4% du budget national. . comment expliquer madame que notre très cher président à la tête d'un des 10 pays les plus pauvres du monde touche un salaire brut d'environ 17000 dollars lorsque le président français à la de l'un des pays les plus riches du monde ne touche que l'équivalent de 15000 dollars ?c'est innaceptable ! J'abaisserai ce salaire à 2000 dollars qu'il n'en déplaise à quiconque.

-JOURANALISTE : Et les parlemetaires?

-MUTOMBO :nos députés et sénateurs sot sont parmis les mieux payés de l'Afrique. 5000 dollars mensuels c'est trop pour un pays dont le salaire moyen d'un enseignant n'arrive pas à 200 dollars. C'est ignoble! J'abaisserai ce salaire à 700 dollars..nous devons décourager ces hommes véreux qui font la politique pour s'enrichir plutôt que de servir le peuple . enfin nous allons entrer dans une ère de reconstruction comme jamais auparavent . 500 écoles seront construites ou réhabilitées durant ma mandature.

Ji'initierai le projet " un village, une fontaine d'eau". D'ici 5 ans l'accès de la population à l'eau potable doit passer de 40 a 80% .Inos villages produisent assez pour nourrir notre population mais ces denrhees pourrissent là où ils sot produits fautes des routes , nous allons réhabilitées nos routes abîmées et construire d'autres pour évacuer nos productions.

-JOURNALISTE: oh ce sont des très bon es intentions monsieur MUTOMBO, mais d'où proviendront tout cet argent pour realiser tout ces projets: routes, eau,électricité, écoles...

-MUTOMBO : bonne question madame d'où proviendra cet argent?

. 1l'agriculture. sera notre première source de financement (relance de la filière caoutchouc, café,thé,cacao,manioc, fruits saisonniers...)

.2nos mines (or,diamant,col tan,cobalt,cuivre....)

.3Nos impôts

.4La lutte contre la corruption.

-JOURNALISTE : je me tourne vers vous monsieur le président EWADE. Avant de vous dire ce que vous comptez faire dans les prochaines années si le peuple vous renouvelle la confiance, brosses nous votre bilan de 32 dernières années passées a la tête de la république du COGACA?

-CANDIDAT PRÉSIDENT ; (rire) merci madame la journaliste, d'abord je tiens à corriger certaines demagogies dont mon fils qui fait preuve de son immaturité politique remarquable viet de faire montre.

Énervé, le jeune candidat lui coupe brutalement la parole.

-MUTOMBO: sauf votre respect monsieur le président sur ce plateau, je ne suis ni votre fils, ni votre ancien élève, je suis candidat aux présidentielles comme vous donc votre challenger , épargner moi donc ces termes fils,petit...

-CANDIDAT PRÉSIDENT : (Rire)je tiens comme je l'ai dit à corriger ce discours demagogue dont vient de faire preuve mon challenger, je lui concède le terme comme il le désire, il peut même le metioner dans si CV s'il veut .madame dès ma prise des fonctions à la tête de ce pays , j'ai hérité due gestion catastrophique et calamiteuse tant sur le plan politique, économique que social. Il nous a fallu plusieurs années pour bâtir ce pays , le remettre sur la route. On ne construit pas un pays dans 5 ans . l'Europe a mis plusieurs siècles pour devenir ce quelle est aujourd'hui. Ce pays était vierge après l'indépendance, il n'y avait presque riien le peu des infrastructures let sociétés laissées par le colonisateur furent mal gérées, dilapidees par une classe politique corrompu raison de notre coup d'État dont j'assume pleinement la responsabilité nous l'avons fait pour le peuple. Le travail était immense. Nous avions construit des routes, des écoles, des hôpitaux, des bâtiments publics. Je suis fier de dire aujourd'hui que j'ai construit ce pays. Du parlement à la présidence, nous les avions construits. Oui j'ai un bilan a défendre moi. Durant les 5 dernières années , j'ai lancé la politique de grands travaux toujours dans l'objectif doter ce pays des infrastructures digne de sa grandeur, malheureusement, la crise financière ayant frappée le monde ne mont pas permis d'achever la réalisation des mes promesses maintenant que les cours mondiaux des matières premières sont en hausse avec la relance de l'économie chinoise, je sollicite un nouveau et dernier mandant pour achever les grand travaux commencés qu'on a pas pu achever. J' interpelle notre peuple de ne pas se laisser duper par des discours demagogues de certains apprentis politiciens manipulé et financé par les ennemis de notre nation. Ces agents de l'étranger financer par certains pays occidentaux avi des de nos richesses. Nous avons des preuves . ces pays occidentaux donneurs des leçons veulent installé a la tête de notre pays si riche leur marionnette, un apprenti sans maitrise des dossiers pour mieux le contrôler et lui imposer leurs dictats je suis le seul a avoir de l'expérience pour fait faire face à eux.

Lui coupant la parole , le jeune candidat réagit avec sourire aux lèvres:

-MUTOMBO : Oh oh oh monsieur le président les discours demagogues? Mais c'est j'en vous que pouvez-vous faire en 5 ans que vous n'avez pas pu réaliser durant 32 ans au pouvoir? Et puis qu'on se le dise: l'agent de l'étranger, la marionnette de la France et des américains , et actuellement des chinois c'est bien vous . je rappelle que lorsque vous êtes arrivés au pouvoir, avec le fée président VUBU ,nous avions un taux de chômage de 30% de la population active 32ans après nous sommes selon les statistiques de votre propre gouvernement, l'un des taux de chômage le plus élevé du monde . vous dites avoir construis ce pays? Quelle médiocrité ! Quelle audace ? Dit est nous monsieur le président quelles sociétés pibliques avez vous créé depuis ? Combien d'écoles avez-vous construit en 32 ans de pouvoir? Mois de 50 dans tout les pays. Vous devriez avoir honte de vous représenter a ces élections tellement que votre bilan est sombre. Et médiocre.

-JOURNALISTE : monsieur le président, nous avons actuellement un taux d'inflation qui frôle le le 300% du PIB, Lés finances du pays sont tous au rouges nos réserves internationales à la banque centrale sont au plus bas selon le fond monétaire international . Cela me pousse a vous poser cette question, avec quelles finances comptez-vous réalisée et achever tant des chantiers que vous avez ouvert un peu partout dans le pays car presque tous sont en arrêt depuis plus d'une année faute des moyens financiers.

-CANDIDAT PRÉSIDENT : madame la journaliste d'abord les questions irréfléchi es de mon challenger démontre avec force son immaturité et sa mauvaise foi. Nous avions construit tant d'écoles, tant d'hôpitaux, construit des routes...a moins d'être aveugle pour ne pas voir toutes ces réalisations...

-MUTOMBO : dans ce cas allons aux faits, vous voulez parler de l'hôpital du cinquantenaire?

-CANDIDAT PRÉSIDENT : (rire) cet hôpital n'est que l'un des centaines construits par mon gouvernement. Je vous rappelle que cet hôpital d'une capacité de 800 lits est un bijou. C'est le plus grand en Afrique centrale.une fierté pour le peuple congolais. D'ailleurs je vous rappelle qu'il est homologué par l'OMS pour accueillir les cas les plus graves de la covid-19 de la region vu qu'il est le mieux équipé de l'Afrique centrale.

-MUTOMBO : quel mansonge ! Je rappelle aussi que cet hôpital fut construit à l'époque coloniale. Il a été dans un tel abandon que votre gouvernement précédent l'a fermé voici 10 ans déjà. Vous l'avez juste agrandi puis rehabilite. Et puis concernant sa réhabilitation ? Coup de chapeau c'est un bijou. Mais qui y vont ? Les pauvres? Non. Les riches ministres et sénateurs ainsi que leurs familles? Oui. Le prix d'une simple consultation frôle l'équivalent de 15 dollars lorsque le peuple moyen gagne moins de 1 dollars par jour.. Notre peuple meurt chaque jour dans des hôpitaux publics insalubres, sans médicaments alors que les centaines des lits de cet hôpital restent inoccupés faute des malades. Vous parlez d'une capacité de 800 lits? Madame la journaliste allez demain visiter avec cet hôpital vous constaterez amèrement que sur les 800 lits en question plus de 700 lits restent inoccupés et poussiéreux. Pourquoi tous fuient votre bijou? A cause de son coût élevé.

-

-CANDIDAT PRÉSIDENT : Cet hôpital est le fruit dun partenariat public-privé. Nous avons investi des millions,des dollars. Actuellement il est géré par le privé sous contrôle de l'État. Je peux promettre a mes compatriotes que d'ici peu de temps, après négociations l'État va récupérer sa gestion et nous les soins,de santé primaires gratuits pour tous, la césarienne y comprise.

-MUTOMBO : Monsieur le président encore des annees et combien de nos compatriotes continueront à mourrirvfautes des,soins pendant que vous , vos ministres et vos parlemetaires vous vous faites soigner à l'étranger ? Pendant que vos enfants étudient dans des écoles luxueuses d'Amérique, d'Europe ? Y en a marre! Ce peuple a trop souffert. Moi au pouvoir ? Je j'attendrai pas un jour de plus, dès ma prise des fonctions , l'une de mes premières mesures sera de reprendre le contrôle de tout ces hôpitaux de l'État dont vous avez illégalement confier la gestion à vos copains par un jeu de passe. Je n'accepterai jamais que les investisseurs nationaux ou sans scrupules se fassent de l'argent, des profits exorbitants sur le dos d'une population déjà pauvre. Les hôpitaux publics restent le domaine privé de l'État qui doit tout faire pour les rendre viables en les approvisionnent aux médicaments essentiels régulièrement,c'est notre devoir régalien bien attendu , il n'est pas interdit a un privé de construire son hôpital 5 étoiles dans les normes dictées par l'État.mais j'insiste les spins de santé primaires doivent être et resteront gratuits pour tous dans les hôpitaux publics.

-JOURNALISTE: Monsieur MUTOMBO, la parole était à monsieur le président, arrêtez s'il vous plait de lui couper incessamment la parole.

-CANDIDAT PRÉSIDENT : Comprenez son immaturité politique madame, je ne m'en plaint point...ce petit monsieur qui ne maitrise nullement la notion des contrats, je ne pense pas qu'il ait déjà eu l'occasion d'en signer un de sa toute sa vie. Il pense qu'on peut par un coup de bâton magique changer les règles signés, il se trompe lourdement. Avec quoi financerai-je nos projets des grands travaux?

-MUTOMBO : (rire) dont un stade de football de 90.000 places au sud du pays dans une petite ville qui ne compte que 50.000 habitants s'il vous plait monsieur le president limoger vos conseillers et votre ministre des sports. Quelle folie ! Pendant que la FIFA a déclaré notre grand stade ici a la capitale non viable pour insalubrite avec des infrastructures vieillissantes ! Ridicule!

-CANDIDAT PRÉSIDENT : informez-vous , et aller sur place vous constaterez que notre grand stade est en pleine réhabilitation et ce 24h/24h avec mon implication personnelle. Je continue...notre pays est en phase de signer un contrat avec la Chine pour un prêt de 20 milliards des dollars étalé sur 20 ans avec 1% d'intérêt, le Japon n'est pas en reste avec 10 milliards et ce sans intérêt sans parler de ce que nous allons nous-mêmes nous allons mobiliser sur nos ressources propres , madame croyez moi nous aurons de quoi financer nos projets des grands travaux. Ce pays sera l'un des plus modernes de l'Afrique doté de toutes les infrastructures digne de sa grandeur.

-MUTOMBO : vous parlez dun prêt de 20 et 10 milliards de dollars ? Monsieur le président, sauf votre respect je penses que votre administration dérape et c'en est trop. Nous avons mis plus de 20 ans a rembourser les 11 milliards de dollars de dette que votre gouvernement a contracté auprès de l'Union européenne et du FMI. Votre administration rongée par la corruption fut tellement incapable à le rembourser que le FMI et autres bailleurs des fonds furent contraint de l'annuler grâce à l'initiative PPTE (pays pauvres très endettés) et cela moins d'une année. Et voilà aujourd'hui, vous voulez nous re endetter cette fois auprès de la Chine et du Japon pour un prêt total de 30 milliards de dollars ? C'est de la folie. Le peuple n'est pas dupe.il ne vous laissera pas signer ce contrat . moi ai pouvoir j' initier ai au peuple la culture de l'impôt. L'impôt sera obligatoire pour tous et coupé à la source. De la maman maraîchère au président de la république. Très bien mobiliser nous n'aurons jamais besoin de nous endetter pour financer nos projets.

-JOURNALISTE : Monsieur le président, actuellement, le FMI, la banque mondiale et l'Union européenne ont tous suspendues leurs aides au développement à la republique du COGACA pour mauvaise gestion et détournement mais sont prêtes à revenir si des reformes structurelles sont faites. Confirmée vous d'abord la suspension de ces aides?

-CANDIDAT PRÉSIDENT : madame , la république démocratique du COGACA est un état et non une succursale de la FMI de la banque mondiale ou de l'Union européenne pour recevoir d'eux des injonctions sur des aides ou des prêts qu'ils nous font et souvent avec des intérêts très élevés. Lorsqu'ils nous aident c'est la fanfare et la publicité dans toutes les chaines et medias internationaux et quand ils nous prêtent c'est d'avec des taux d'intérêts élevés assortis de plusieurs conditions et avec audace ils veulent nous imposer comment les utiliser, çà je dis non! Ils peuvent garder leurs milliards pour eux . il est en partie vrai que ces aides au développement n'ont pas toujours été gérées de façon efficace et convenable raison pour laquelle plusieurs ministres et autres fonctionnaires véreux qui ont trahit le peuple réfléchissent aujourd'hui entre les 4 murs en prison . mais il n'est jamais tard pour mieux faire.. Nos manches sont déjà retrousser pour aller vers une coopération de respect mutuel et de normalisation de nos relations avec le FMI , la banque mondiale et les autres bailleurs de fonds dont nous sommes déjà zn négociations. Ces aides au développement sont capitales pour notre économie. Mais j'insiste dans le respect mutuel entre partenaires.

-JOURNALISTE : monsieur comment comptez vous gérer les aides au développement que reçoivent chan que année la république démocratique du COGACA qui représente une bagatelle de 300 millions de dollars chaque année?.

-MUTOMBO : madame vous avez sûrement remarqué que j'ai axée le financement de mon programme social sur trois axes a savoir:

-l'agriculture

-les impôts

-nos immenses ressources miinieres

Pourquoi ? Parce que nous devons d'abord compter sur ce que nous pouvons mobiliser nous me mem avant de compter sur ce que les autres peuvent nous apporter comme aide nous ne refusons pas ces aides au développement, nous les accepteront a chaque fois que ces donateurs ne chercheront pas à nous imposer leurs dictats ou les utiliser comme arme de chantage. D'ailleurs madame connaissez vous un seul pays au monde qui s'est développer grâce aux aides au développement ? Ces aides au développement qui nous avillisse, qui nous bloque qui nous rendent dependanants . a la place je proposerai y partenariat gagnant-gagnant, d'égal à égal. Constatez avec moi que les pays les assistés ce sot eux les pus pauvres au monde..

-CANDIDAIT PRÉSIDENT : (Rire) aller revoir l'histoire , c'est un conseil d'ami. L'Europe ruinée economiquement après la deuxième guerre mondiale s'est relevée grâce au plan marshall de son allié américain. Oui les aides au développement peuvent aider les pays pauvres à se relever économiquement, preuve? L'Union européenne est la deuxième puissance économique. Et ce, grâce au plan marshall après la deuxième guerre mondiale.

-MUTOMBO : c'est plutôt à vous pourtant docteur en économie que je vous renvoie à aller revoir vos notes d'économie. Le plan marshall n'était pas un cadeau de pitié de l'ami américain à son alliée européenne ruinée économiquement pour preuve , malgré son développement, l'Europe paie le prix en restant jusqu'à ce jour dépendant des américains sur le plan sécuritaires. Qui e sait pas que c'est sont les États-Unis qui assurent la sécurité militaire de l'Europe face aux menaces russes et Chine. Pour preuve , les militaires français envoyés au Sahara dans le cadre de la lutte contre le terrorisme sont dépendants du dispositif américain en matière des renseignements. Sans les américains, les européens même réunis ne peuvent faire face aux menaces chinoises et russes. .pourquoi les européens qui bombent les muscles ici en Afrique ne saventurent jamais en Afghanistan,iraik ou Pakistan seuls? La raison est simple : leurs services des renseignements militaires ne sont pas si pointus comme ceux des américains face à un ennemi invisible. C'est cette dépendance à long terme que je veux éviter à mon pays. Aucune aide au développement n'entrerait dans notre budget annuel. Cette aide serai orientée vers une caisse spéciale et un mécanisme de suivie mixte gouvernement- partenaires internationaux sera mise en place pour suivre de près son utilisation. D'ailleurs l'Europe s'est relevée puisque cette aide du plan marshall était très utilisée et non détournée. Le président EWADE, notre très cher président vient lui-même de reconnaitre du bout des lèvres que cette aide au développent était soit détournée sous sa barbe si pas dire avec sa complicité soit mal utilisée par ses services surtout ses conseillers qui ont constitues un vrai gouverne-et-ment parallèle à l'instar des ministres.

Le candidat président EWADE est sorti de la salle humilié, sans aucune courtoisie et élégance politique, il refusera même de serrer la main à son challenger à la fin du débat malgré que le jeune candidat , respect bantou oblige s'est approché en premier pour lui serrer la main.

Le débat est clos. le jeune candidat qu'on croyait novice et facilement une antilope face au lion EWADE a montré sa pugnacite et montré qu'il était bien dur à cuire. Rare sont encore quelques partisans du camp présidentiel à clamer haut et fort que le candidat EWADE à remporter ce duel de David contre goliath quand aux dinausores duproche du cercle présidentiel, ils se t'aiment dans un mutisme qui en disait long. Le porte parole du gouverne-et-ment ne se refuse à tout commentaire et dit attendre le résultats du vote mais ne manquera pas a tirer quelques pics au jeune candidat : " je ne pense tout de même pas que le peuple cogaçais confierait la gestion de ce grand et vaste pays de plus de 60 millions d' habitants aà un individu qui n'a jamais géré nefusque 10 personnes moins encore une simple collectivité." réponse du berger à la bergère , le porte parole du jeune réplique : " c'est serait je crois une folie que de confier une foois de plus ce beau, grand et riche pays à un individu qui l'a pillé et détruit pendant plus de 32 ans, non impossible, ce monsieur pour nous doit déjà tourner la page et réfléchir à sa retraite. Ses conseillers qui lui font croire encore au miracle comme par le passé doivent savoir qu'ils sont dans un bateau qui est entrain de couler. J'ose croire qu'ils savent nager"...

La presse nation a le était encore la seule dans le pays à parler dune quelconque victoire du camp présidentiel. Le jour-j arriva enfin...après ? C'est le suspens. Le camp présidentiel jubile dans tout les médias et dans la rue à parler d'une éventuelle victoire du camp présidentiel , c'est l' effervescence dans les grandes villes proche du camp présidentiel. Sans attendre les résultats de la centrale électorale, le président EWADE sort de son silence et se pavane dans les rues de la capitale les mains en signe de victoire avec une foule monstre acquis a sa cause.. ils avancent même le score écrasant de 65% en faveur du candidat EWADE. L'opposition crie à la fraude massive :

des urnes bourrées, des observateurs de l'opposition chassés des bureaux de vote à coup des matraques....et surtout une violation flagrante de la loi électorale qui stipule que seule la centrale électorale est habilité à publier les résultats du vote. L'église catholique menace cette fois-ci de publier ses résultats compiler si la centrale électorale s'hasarde cette fois-ci à publier des résultats qui ne reflètent pas,la réalité des urnes , la police quand elle met en garde tout candidat qui inviter ai ses partisans à perturber l'ordre public. Interrogé par la presse depuis son quartier général désormais encerclé par un dispositif mixte police y militaires sur armés le candidat MUTOMBO se montre serein et souriant : " c'est un mauvais perdant, il a perdu les élections nous avons les chiffres , l'église catholique présente dans plus de 80% des bureaux des votes possède des résultats, les vrais. Je demande au président de la centrale electorale , soit dit en passant du président EWADE, d'avoir le courage malgré les pressions de l'autre de se ranger du bon coter de l'histoire en publiant les vrais résultats des urnes, sinon la réalité le rattraperait. Il est dans un bateau qui coule qu'il sache nager s'il refuse le gilet de sauvetage que nous lui tender ." les ambassade occidentaux sont en debandale. Chacun prend des dispositions pour évacuer ses ressortissantes au cas où....les États-Unis menacent directement dans un langage cru le président EWADE contre toute tentative dun passage en force contre la volonté du peuple. L'Union européenne se dit préoccupée... au centre ville c'est la de band a le auprès des occidentaux chacun soriente vers son ambassade en emportant ce qu'il peut. On craint des troubles post électoraux.. Les et États-Unis mobiliser ont tout un bataillon de l'autre côté de la frontière, lunion mobilisera en toute urgence un bataillon de 1000 soldats stationnes dans un pays pays voisin pour intervenir officiellement pour évacuer leurs ressortissante en cas de troubles. Sachant l'ambition du candidat EWADE de se maintenir au pouvoir coûte que coûte.

Après une semaine de suspens après le vote, le dimanche soir vers minuit les résultats tombent c'est le vice président de la centrale électorale issu de la société civile qui publie les résultats. Et le président de la centrale électorale , neveu du président ? il aurait trouvé refuge avec toute sa famille dans l'ambassade americaine suite aux menaces du camp présidentiel, il aurait échappé à une tentative dassassinat de la part des hommes en uniformes non identifiés .

"monsieur EWADE ENGBANDJO 32% des voix

monsieur MUTOMBO KANDE 65% des des voix

Abstentions : 1%

Bulletins nuls: : 2%

Par consequent est déclaré président de la république monsieur MUTOMBO KABUND MOISE"

Cest la douche froide dans le camp présidentiel, le silence absolu jusque-là. Dans la capitale et dans les grandes villes du pays les partisans du jeune candidat jubilent et crient : "EWADE dictateur" , " EWADE dégage" ,"EWADE assassin" les partisans de l'autre camp eux aussi sortent en masse dans les grandes villes pour contester contre ces résultats. Le porte parole du gouverne-et-ment n'a pas mâcher ses mots deux heures après la publication' des résultats : " le gouverne-et-ment ne reconnait pas ces résultats fabriqués dans les officines occidentaux pour balcaniser notre pays, nous avons des preuves , nous demandons à nos partisans d'être calme et serein en attendant le mot d'ordre du président EWADE qui reste à ce jour le seul président reconnu. Dans notre pays"

Dans les rues, les deux camps font face, prêts à découdre les uns contre les autres, seul le cordon de la police le maintiennen t n distance de 20 mètres les uns des autres. le pays est prêt à exploser. L'armée est deployee dans les rues dans grandes villes avec chars de combat et armes lourds , un message fort aux occidentaux : américains et européens qui ont stationner leurs bataillons aux portes de la république démocratique du cogaca. " ceci est un message fort aux impérialismes qui veulent nous imposer un président pantin pour leurs propres intérêts dans notre pays. Nous sommes prêts et nous nous defendrons jusqu'à notre dernière goute au sang. " la situation s'aggrave lorsque chose rare la Russie déploie elle aussi un bataillon de 1500 hommes en moins de deux jours officiellement pour préserver la paix et la stabilité dans ce pays qui risque de faire basculer toute l'Afrique et le monde dans une troisième guerre mondiale . les États-Unis et les européens accusent la Russie et la Chine s'aggraver une situation déjà tendu entre les deux camps. Les forces russes se sont déployer dans les endroits stratégiques du pays sur ordre du gouverne-et-ment : aéroports parlement, présidence, télévisions nationales et privées...

Dans le palais présidentiel, c'est le balai diplomatique, tentot on annonce ma visite du secrétaire générale l'ONU, le représentant spécial de l'Union européenne, puis c'est le tour du représentant spécial du président américain qui entre en dance, le commissaire de l'Union africaine, de la sadc...tous font des allés et retours mais ont reçus consignes de ne faire aucune déclaration à la presse..ils sortent tous le visage séré, ce qui ne présage rien de bon du coté de ce palais là.

Apparemment, me président, humilié par cette même centrale électorale, qu'il avait mise en place a décidé d'être réellement independante au vrai sens du terme. devanr ses généraux en coulisse il parle d'une trahison qu'il ne pas prêt à pardonner.. officiellement, il 'e reconnait pas ses résultats entachés selon lui de plusieurs irregularites qui remet en cause sa validation. Il accepte ne a moins le principe du'n retour aux urnes avec un nouveau président de la centrale choisi par la société civile ou la communaute internationale. Du jamais vu.

Quand au jeune candidat,il n'exige que le départ du pouvoir du candidat et quand on lui pose la question sur un quelconque partage du pouvoir avec le candidat président EWADE sa réponse est sans ambiguïté : " mon gouvermenent sera un gouvernement d'union nation a le , personne ne sera exclu, et toute négociation sur un quelconque partage du pouvoir se fera après qu'il ait quitté le parlais présidentiel qu'il occupe désormais illégalement, et puis ça sera un gouvernement sans les EWADISTES . de gré ou de force il quittera ce pouvoir"

Après ces propos, c'est la panique générale, tous craint la guerre civile. Le pouvoir en arme plusieurs milices pour défendre ce qu'il appelle leur pouvoir que les occidentaux veulent voler.

Le gouvernement américain annonce que l'heure de monsieur EWADE est revolue. l'Union européenne annonce ne plus reconnaitre le président EWADE. et considère le nouveau président comme seul interlocuteur du peuple cogaçais. Le moment inattendu est la visite du candidat malheureux OBINA venu en personne féliciter le nouveau président pour ce qu'il appelle son écrasante victoire inattendu. Et s'excuse publiquement pour tout les propos discourtois envers le jeune candidat mais ne remet pas en cause plusieurs irregulates ayant caracterisees ces élections.

Les 'États-Unis franchi en premier le pas de ployant ses forces de la marines en république démocratique du cogaca pour protéger et assurer la sécurité du président élu sur sa demande. Une invasion étrangère selon le porte parole du gouverne-et-ment EWADE qui demande des sanctions sévères des Nations-Unies, la France suivra le pas en de ployant ses troupes soit plus de 500 militaires et hélicoptères et averti le gouverne-et-ment s'il bombardait un seul de ses militaires. La Russie bombe les torses en convoquant d'urgence une réunion du conseil permanent des Nations-Unies pour condamné l'invasion américaine et française. Aux questions des journalistes si la présence russe n'est-elle pas aussi une invasion étrangère , la chargée des affaires russes à l'ONU est Claire : nous sommes là sur demande dun pays ami dont la souveraineté est menacée par des forces imperialiste. Et eux qui les a appelés ? Une honte. La Russie et la Chine bloquera toute résolution allant dans le sens de mettre hors jeu le gouvernement légitime du gouverne-et-ment cogaçais".

Quant aux USA et la France qui soutienne le nouveau président dans un communiqué de presse mixte , eux aussi justifient leur présence : " le président EWADE doit comprendre que son temps est résolu. Il a perdu les élections, il doit quitter le pouvoir de gré ou de force si aucune solution n'est trouvée au sein de l'ONU. Les russes, les chinois...c'est le lithion, le cobalt , le coltan, diamant,or, cuivre,uranium... Dont regorge le sous-sol de ce pays qui les intéressent. ils doivent quitter ce pays sinon"...

Qui aurait imaginée que la menace d'une troisième guerre mondiale aurait été joué ico en Afrique.?

Les russes menaces d'armer la population civile pour défendre leur pouvoir que les occidentaux veulent prendre en otage en imposant un président molle et faible qu'ils pourront manipuler à leur guise. C'est le dialogue des,sourds . du coté de l'Union africaine c'est le silence totale à part les appels au calme, des coups d'épée dans l'eau l'ONU agacée prend position et ne qu'un seul ambassadeur cogaçais au sein de son organisation, celui nommé fraîchement par le nouveau jeune président, la Chine et la Russie bloque cette nomination, c'est l'imbroglio totale au sein du conseil permanent de l'ONU, l'Assemblée générale dépouillée dès sa création assiste impuissante devant cette guerre entre les deux blocs. Ce conflit a démontré combien l'ONU cette mastodonte organisation mondiale est désorganisée et impuissante devant une crise majeur. L'armée quant à elle reste fidèle au candidat EWADE à qui ils doivent tout.

Comme un coup de tonnerr la presse presidentiielle annonce un message imminent de la,part du président EWADE lau journal de 20h00 . que va-t-il dire? Se plus dun . veut-il s'accrocher au pouvoir fort du des plus,de 1500 bataillons russes qui assure sa sécurité? Et le jeune président soutenu par les,marines américaines et français qui assurent sa protection terré dans sa,résidence transformée en son Q.G acceptera-il un retour aux urnes, ou partagera-il le pouvoir avec le candidat EWADE?

Toutes les scénarios sont imagines , l'Union africaine imagine le scénarios d'une période transitoire de 6 mois avant la reprise des nouvelles élections. Mais ma question qui reste sans réponse dans la bouche de tout les mediateurs est celle ci: qui? pour diriger cette transition ? Le camp présidentiel qui jusque-là exigerait un re comptage total des voix se dit brusquement favorable à la proposition de l'Union africaine et se dit prêt pour des nouvelles élections mais veut et exige de rester me seul commandant du nouveau processus. Ils se disent prêtes à rentrer aux urnes à condition que le candidat EWADE reste président reste en place jusqu'à l'élection d'un nouveau président élu et non contesté. il propose même la primature au jeune candidat durant la période transitoire.

"la balle reste dans l'autre, quant à nous , nous prenons le peuple à témoin, nous avons fait assez,des concessions, on en fera pas plus" lâche le porte parole du candidat EWADE devant un parterre des journalistes tant nationaux qu'etrangers adeptes des scènes apocalyptiques africains

Quelques heures après une reunion à la résidence de l'ambassade des États-Unis, cette fois ce sont les États-Unis et l'Union africaine qui lors d'un point de presse chaud et animé propose leur feuille de route pour la sortie de la crise qui risque d'exploser à tout moment, la république démocratique du cogaca étant riche en uranium , col tan, lithium, pétrole et en or (premier producteur mondiale de ces minerais) il est hors de question de laisser ce pays basculer dans le juron de la Chine et la Russie et surtout que pour la première fois la Corée du nord menace elle aussi pour la première fois d'envoyer ses troupes aguerries aux côtés des militaires russes déjà présentes dans tout les coins stratégiques du pays.. Ce qui donne des migraines aux occidentaux. Voici leur feuille de route : des nouvelles élections dans 3 mois totalement financer par les américains et les européens , des élections organisées par l'ONU mais ils insistent sans le président EWADE à la tête du pays et propose un prelat ou toute personne capable choisie par la société civile.. Très en colère les russes menace contre toute ingerance des occidentaux et dit qu'il est temps que les problèmes africaines soient réglés par les africains quant à leurs présences ils le justifient par la demande du gouverne-et-ment EWADE , seul président élu et encore en fonction.

Tous attendent alors la réaction du candidat EWADE qui jusque-là s'est figé dans un mutisme qui ne dit pas son nom. Devant la menace d'une troisième guerre mondiale, sa réaction est plus que attendu. Les États-Unis menacent la Corée du nord d'intervenir miilitairement aux côtés des troupes européenne si jamais elle s'hasarde à déployer ses troupes aux côtés des troupes russes déjà sur le terrain et qui bombent déjà les torses en lançant un message fort aux occidentaux.

L'ONU appelle au calme et appellent chacun à mettre un peu d'eau dans son vin et dit toute son opposition totale à tout autre déployèrent militaire étrangère dans le pays pendant qu'ielles cherchent en vain depuis plus dune semaine le retrait des troupes russes dans le territoire cogaçais.

Contre toute attente la Corée du nord déploie dès le lendemain du point de presse occidental un premier deployement de 120 officiers officiellement pour conseiller le gouverne-et-ment cogacais en vue d'une sortie de crise à l'amiable. Une provocation pour les États-Unis qui deploient eux aussi 24h après l'envoi dun bataillon de 320 marines américains aux portes du territoire cogaçais avec missiles a longue portée à disposition. Très en colère la Russie pointe elle aussi ses missiles vers le pays voisin allié des américains. Jusqu'alors, la menace dune guerre nucléaire n'a jamais été aussi réel entre ces puissances. Qui aurait cru que cela se jouerait en Afrique ? Ce pauvre continent ? Avec des réserves important du lithium, or, et pétrole, gaz naturel., et regorgeant les 3/4 des forets tropicales mondiales ce pays si pauvre p se positionne comme étant stratégique sur le plan énergique que pays-solution en raison climatique menaçant l'équilibre écologique et économique mondial.

Depuis la baie des cochons cubaines, on a jamais vu aussi de près la menace d'une guerre nucléaire entre les États-Unis et la Russie sauf que cette fois la Corée du nord s'est invité au jeu. L'Union devant la gravité de la situation, ordonne le retrait immédiat des troupes étrangères dans le pays et ses alentours. Un coup d'épée dans l'eau.

Que se passerait-il si les amairicains saffrontaient avec les troupes russes et coréennes dans le sol africain À coup des missiles nucléaires ? Personne n'ose deviner la suite..

Le président EWADE est accusée par la communauté internationale de mettre la poudre au feu zn autorisent le déploiement des troupes russes et nord coréennes.

C'est la confusion totale. Surtout en ce matin , ou les troupes russes ont décidé de passer à la vitesse supérieure, en encerclant totalement les quartier général du jeune candidat MUTOMBO pourtant soir haute protection des troupes européennes. L'Union européenne montre au créneau et prévient les russes contre toute attaque contre le président élu ou ses troupes militaires protégeant la résidence. Devant un non-compromis au niveau des nations unies sur la solution a envisager (les chinois et les russes bloquent toutes résolutions condamnant les troupes russes, européenne et nord coréennes, les États-Unis menacent désormais de faire appel à l'OTAN. Problème, la république démocratique du cogaca ne fait pas partie de l'OTAN comme aucun autre pays d'ailleurs. La Russie réagit en invoquant les dégâts qu'à connu la Libye a la suite de l'intervention de l'OTAN qui n'a laissé après lui que désolation et avancée djihadistes menaçant ainsi la sécurité africaine.

"si l ' otan intervient l troupes russes, nord coréennes et chinoises n'auront plus d'autres choix alors..., les destabilsateurs de l'Afrique c'est eux les européens et americains cette fois ...ils seront face à la mutualisation de nos forces"

L'heure est grave , le jeune président élu décidé alors contre toute attente décidé de faire un geste d'humilité envers son ainé en passant un appelle téléphonique privée au président EWADE. La conversation a durée une trentaine des minutes. Dès le lendemain matin , la présidence pour la première annonce une communication en direct du président EWADE à la nation.

C'est l'inquiétude de partout, livrera-t-il le pays dans une guerre nucléaire ou decidera-t-il de faire marche en arrière ? C'est mal connaître l'homme pour le moins. La conférence n'aura plus lieu. Raison évoquée par le gouvernement ? Un déploiement imminent des troupes américaines qui s'apprêtent à envahir la République cogacaise sur ordre de Mr MUTOMBO. Devant la presse le porte parole du gouvernement eclaire : " on ne peut pas vouloir une chose et son contraire, Mr MUTOMBO fait semblant de négocier en même temps lui et ses acolytes occidentaux complotent contre le peuple cogacais. C'est une trahison. Les forces de défense cogacais et ses alliés sont prêts à se défendre en cas d'attaque contre les institutions légales et légitimes de la République. Mr MUTOMBO a fait le choix de l'escalade militaire en livrant notre pays aux troupes étrangères non invitées , 'ous annonçons par conséquent la fin des négociations avec cet usurpateur et prenons à témoin l'union africaine "

Devant le non compromis au niveau du conseil de paix de paix et de sécurité de l'ONU, les États-Unis d'Amérique contre l'avis de tous finissent par déployer ses marines dans la République cogacaise sur appel et invitation du nouveau président élu . Le président EWADE crie à une invasion étrangère et une ingérence flagrante des résolutions de l'ONU contre l'envoi et le déploiement de toute autre force militaire étrangère dans le pays. La Corée du Nord entre en scène , en déployant à son tour ses forces de défense spéciale pour renforcer la sécurité du président EWADE en réponse à la violation 1946 de l'ONU qui interdit formellement le déploiement de toute autre force militaire étrangère . Dès leur déploiement , les troupes Nord coréennes aux côtés des troupes Russes vont se positionner dans les endroits stratégiques du pays : parlement, présidence, télévision nationale... Les troupes européennes et américaines elles , assurent la sécurité du nouveau président élu et contrôlent 10 des 26 des provinces du pays ayant fait allégeance au nouveau président élu.

La Chine qui soutient officiellement le président EWADE et son gouvernement convoque une nouvelle réunion d'urgence du conseil de paix et de sécurité de l'ONU devant cette montée des tensions, la Corée du Nord fut spécialement invitée à ce conseil. La guerre des mots et menaces sont telles que le modérateur ne sait plus recadrer les diplomates américains et nord coreens qui se livrent une passe d'armes comme jamais auparavant

- La République nord coréenne est sur place sur invitation du président légitime et légal qu'est monsieur EWADE et de son gouvernement issu des élections, par conséquent nous n'avons à nous expliquer ni devant l'ONU et moins encore devant les impérialistes américains. La République cogacaise est une nation souveraine et indépendante qui prend seule ses décisions. La nord coréenne a signé des accords de défense avec la République cogacaise, c'est donc tout naturellement que notre pays soit à ses côtés face à l'invasion américaine et européenne.
  Réponse du berger à la bergère, le diplomate américain ne se fera pas prier pour répondre au diplomate Nord coréenne en termes secs:
- Vous parlez de l'invitation d'un président légitime et légal? Quelle honte , ce dictateur a perdu les élections. Le peuple cogacais a fait son choix, dès lors les États-Unis d'Amérique considère le président élu comme le seul représentant du peuple cogacais. Le temps des dictatures en Afrique est révolu, ce moment où on s'accrochait au pouvoir quand on a perdu les élections est lui aussi révolu. Les États-Unis d'Amériqueseront toujours aux côtés du peuple Africain dans l'instaurationde la démocratie effective. Les États-Unis d'Amérique mettent dès lors en garde les troupes Nord coréennes et Russes contre toute attaque contre l'intégrité physique du président élu ou les troupes américaines sur place.
  L'escalade verbale est telle que la menace nucléaire mutuelle est évoquée en des termes à peine voilée
- La République Nord coréenne est prête à se défendre contre les troupes américaines en cas d'une quelconque attaque américaine contre les institutions démocratiquement élu et légitime de la République cogacaise ou contre ses troupes. Toet d'ajouter cette phrase : toutes les options sont sur la table !
  Le secrétaire général de l'ONU peine à recadrer les deux querelleurs. Il appelle chacun à mettre un peu de l'eau dans son vin pour trouver une issue pacifique à la crise. La Chine et la Russie réaffirment à l'unanimité leur soutien politique et militaire au gouvernement de monsieur EWADE quant aux États-Unis d'Amérique et ses alliés européens , ils se rangent du côté du président MUTOMBO qu'ils considèrent comme le seul représentant légitime et légal. La réunion est un échec.
  Nous sommes un certain 20 décembre 2023 dans la capitale de la capitale cogacaise qui vit désormais au rithme d'une guerre froide entre les États-Unis d'Amérique, et la République Nord coréenne. La capitale est coupée par une ligne invisible entre entre d'une part la présidence de la République , siège du gouvernement EWADE et l'hôtel internationale INVEST la présidence bis où le nouveau président élu MUTOMBO a

installé son quartier général encerclée par la première ceinture ce sont les forces européennes, et la deuxième ceinture est gardée par les marines américaines en première ligne. Lors d'une patrouille les troupes Nord coréennes se sont aventuriers un peu plus près des positions américaines , acte délibéré ou une méconnaissance des lieux à la suite de l'obscuriténocture? On ne le saura jamais.

Les États-Unis d'Amérique parlent d'une attaque imminente de la Corée du Nord dans ses positions en république du cogaca et avertissent la Corée du Nord qu'ils repliqueront à la hauteur de l'attaque s'ils continuent de s'approcherde ses positions.

Dans un message chaud depuis la maison Blanche, le président américain prend très au sérieux la menace et parle aux américains :

- Chers compatriotes, au moment où je vous parle la Corée du Nord s'apprête à lancer une attaque imminente sur nos positions et celles de nos alliés en Afrique. C'est une provocation qui ne peut être pris à la légère , j'invitele gouvernement nord à donner ordre à ses troupes de s'éloigne sans condition et en toute urgence de nos positions. Sinon les forces américaines sur place considereront cela comme un acte de guerre et activeront le mécanisme américain en cas d'attaque...

La menace est donc prise très au sérieux coter américain. La Corée du Nord parle d'une avancée accidentelle suite à une méconnaissance des lieux.

- Une agitation qui démontre avec force un agenda caché Des américains qui ne digèrent pas notre présence aux côtés de nos alliés. Nous ne sommes pas là pour s'attaquer à qui que ce soit moins encore contre les américains mais nous sommes prêts à nous défendre en cas venant de qui que ce soit. C'est juste un incident malheureux et accidentel. Minimise le ministre des affaires étrangères nord coréen.

Réponse du berger à la bergère, le secrétaire d'État américain s'insurge contre ce qu'il considère comme un acte de guerre :

- Bon Dieu ! Une méconnaissance des lieux, je rappelle qu'ils sont sensés être acompagner par l'armée cogacaise dans leurs déplacements, ils se croient en mission de tourisme peut être ? Ils doivent se retirer au plus vite avant qu'ilsne soient idenfier comme une menace pour notre sécurité et celle de nos alliés. C'est une question des minutes s'ils ont réellement une chaîne de commandement comme toute armée républicaine.

La France confirme la menace et parle d'un acte délibéré et prémédité, le Royaume-Uni demande à ses troupes de rester en alerte. Il n'apas fallu longtemps pour que les marines américaines Passent à l'action en encerclant les positions nord coréennes. Et exigent d'eux de déposer les armes afin qu'ils soient identifier sans autre forme de procès. La Corée du Nord parle d'une déclaration de guerre, la situation est assez grave pour que la Chine, encore elle convoqué en urgence une de ces réunions du conseil de paix et de sécurité de l'ONU sans issue. Le diplomate américain temporise et parle d'une procédure normale.

- C'est une procédure normale, ils se sont constitués eux-mêmes comme cible alors quoi de plus normale qu'ils s'identifient, afin de mieux cerner leur objectif. Non, les États-Unis d'Amériquene veulent en aucun cas un conflit militaire avec un pays quelconque.
- Quelle stupidité ! Lance le diplomate coréen , les américains ont pris en otage nos troupes en Afrique et c'est à nous que l'ONU demande d'obtempérer à leurs injonctions stupides ? Si dans les deux heures qui suivent, nos troupes ne sont pas libérés, nous serons dans l'obligation de nous défendre. Toutes les options sont sur la table. Nous avons les moyens qu'ilfaut.

Un dialogue des sourds , le secrétaire de l'ONU monte au créneau et pour une première fois tient tête aux États-Unis d'Amérique en demandant aux américains de faire preuve de bon sens en libérant les militaires coréens avant que le conflit ne s'embrasent et entraîne le monde dans une troisième guerre mondiale. L'union africaine ose elle aussi lever le ton contre les américains en exigeant la libération immédiate et sans condition des militaires nord coréens. La Corée du Nord devant le mutisme américain qui s'apprête à désarmer par la force les militaires coréens, passe à l'offensive en positionnant ses lances missiles longues portées en direction des villes américaines. Une menace que les États-Unis d'Amérique ne peuvent. Ils positionnent à leur tour leurs dernières lances missiles de dernière génération en direction de la Corée du Nord.

- Nous ne voulons pas la confrontation mais nous sommes prêts à pulvériser et rayer de la carte cet état voyou. Lance sans courtoisie diplomatique le président américain très en colère réputé pour ses crises de nerfs à chauds.

La menace d'une troisième guerre mondiale n'a jamais été aussi précise depuis la deuxième mondiale. Que se passerait il si les deux grandes puissances nucléaires entraient dans un conflit nucléaire sans issue ? Qui aurait Cru que une menace de déroulerait en Afrique ?

L'heure est grave, conscient des responsabilités qui sont les siens, pour une deuxième fois après un mois d'une guerre verbale sans précédent, le jeune président passe un second coup de fil au président EWADE, la conversation fut cordiale , elle dura une heure presque. Au soir de la conversation, la présidence annonce que président EWADE parlera à la nation dans le journal de 20h. C'est la panique une fois de plus. Partira ou partira pas? Se demande tant les diplomates sur place que le commun du peuple.:

Chers compatriotes, c'est avec un grand plaisir malgré les circonstances ...de vous faire part de ma décision. La République du cogaca a organisée sur fonds propres pour une première fois des élections présidentielles libre démocratique et transparentes. L'oeuvre humaine étant toujours imparfaite, beaucoup de nos compatriotes moi y compris ne sont satisfaits des résultats qui ont provoqué cette crise mondiale qui nous a tous interpeller d'agir pour le bien de l'humanité. Bien que n'étantpas d'accord, je prends apte des résultats proclamés par notre centrale électorale que nous avons tous voullu libre et indépendante. Je félicite mon jeune frère proclamé nouveau président élu de la République. J'invite toute mon administration ainsi que toutes les institutions du pays à se mettre désormais au service du nouveau président. C'est un jeune intelligent et conscient des responsabilités qui sont les siens à mener les réformes qu'il faut pour redresser la situation économique préoccupante de notre cher et beau pays. Je reste entièrement à la disposition du nouveau président pour toute consultation présente ou future à chaque fois qu'il trouverait nécessaire.il y a une vie après la présidence bien sûre. Mon combat pour un cogaca émergeant et prospère reste intact comme au premier jour de mon premier mandat à la tête de ce beau pays voilà il ya une trentaine d'années. J'auraisbien voullu mener ce combat jusqu'à mon dernier souffle, Hélas, comme David de Saintes écritures, Dieu a décidé que c'est mon jeune frère élu qui réalisera cet objectif. Aux troupes étrangères américaines, européennes, russes et Nord coréennes je les remercie du fond du cœur pour leur engagement à nos côtés pour l'un ou pour l'autre mais estimant que nous avons trouvé la solution à nos diveje les invite de commun accord avec le nouveau président à se retirer paisiblement du territoire cogacais et ce dans un délai raisonnable conformément aux résolutions des nations unies. Je profite de l'occasion pour demander vivement au gouvernement américain à libérer sans condition les militaires nord coréens en otage Ma sécurité et celle du nouveau président serait désormais entre les mains des forces de défense cogacaise.

Vive république démocratique du cogaca souverain et indépendante ! Vive la nouvelle Afrique démocratique et souveraine !

Printed by Books on Demand GmbH, Norderstedt / Germany